帝王传记

一代枭雄

李菽才　著

曹操传

读透权谋
看懂人性

哈尔滨出版社
HARBIN PUBLISHING HOUSE

U0508388

图书在版编目 (CIP) 数据

一代枭雄：曹操传 / 李菽才著 . -- 哈尔滨：哈尔滨
出版社 , 2024.8
ISBN 978-7-5484-7942-0

Ⅰ . ①一… Ⅱ . ①李… Ⅲ . ①曹操（155-220）—传记
Ⅳ . ① K827=342

中国国家版本馆 CIP 数据核字 (2024) 第 110898 号

书　　名：一代枭雄：曹操传
YI DAI XIAOXIONG：CAOCAO ZHUAN

作　　者：李菽才　著
责任编辑：赵宏佳
封面设计：于　芳
内文排版：博越创想

出版发行：哈尔滨出版社（Harbin Publishing House）
社　　址：哈尔滨市香坊区泰山路 82-9 号　　邮编：150090
经　　销：全国新华书店
印　　刷：三河市刚利印务有限公司
网　　址：www.hrbcbs.com
E-mail：hrbcbs@yeah.net
编辑版权热线：（0451）87900271　87900272
销售热线：（0451）87900202　87900203

开　　本：710mm×1000mm　1/16　印张：15　字数：175 千字
版　　次：2024 年 8 月第 1 版
印　　次：2024 年 8 月第 1 次印刷
书　　号：ISBN 978-7-5484-7942-0
定　　价：45.00 元

他是挟天子以令诸侯的铁血权臣；他又是刚柔并济、才华横溢的诗人；他生性多疑，内心孤独，又求贤若渴。他就是一代枭雄——曹操！

东汉末年，宦官专权，政治腐败，社会动荡不安，曾经辉煌一时的东汉王朝走到了穷途末路。之后，天下三分，从秦始皇公元前221年建立中华帝国以来，大一统的格局第一次长时间地分裂。

这是一个混乱的时代，也是一个英雄辈出的时代。这是一个分裂的时代，更是一个渴望统一的时代，曹操是这个时代当之无愧的英雄。

曹操曾言："设使国家无有孤，不知当几人称帝，几人称王。"这句话堪称曹操一生的真实写照。他于乱世中挺身而出，在汉王朝没落的情况下南征北讨，这本身就是有利于国家统一的伟大功绩。他的诗歌作品中透露的对世事苍生的悲悯，更体现了一位英雄所应有的胸怀，这在封建社会将百姓当作走狗的统治者之中，也是难能可贵的。虽然他没有完成统一天下的任务，但是汉末以来长期存在的豪族混战局面结束于他之手；他还排除了西北边疆游牧民族对中原的威胁，保卫了黄河平原的城市和农村，恢复了黄河南北的封建秩序，为后来的西晋统一铺平了道路。尽管西晋是司马氏的天下，但是西晋王朝的真正奠基人，当属曹操。

西晋史学家陈寿评价曹操："太祖运筹演谋，鞭挞宇内，揽申、商之法术，该韩、白之奇策，官方授材，各因其器，矫情任算，不念旧恶，终能总御皇机，克成洪业者，惟其明略最优也。抑可谓非常之人，超世之杰矣。"

尽管曹操的一生充满争议，但他"文能提笔安天下，武能上马定乾坤"却也是不争的事实。大江东去，浪淘尽，千古风流人物。曹操却注定是那个浪花淘不去的一代枭雄！

【目录】

第一章

年少志成

第一节　任侠放荡

东汉末年，宦官专权，政治腐败，社会动荡不安……这是一个动乱的时代，也是一个造英雄的时代。

汉高祖的九世孙刘秀所建立的东汉王朝是一个由大商人、大地主所统治的王朝，与他的祖宗刘邦所建立的西汉王朝相比，"布衣之士"当官可谓凤毛麟角，大地主不仅拥有大量财产，而且身居高位，发号施令。如贵族地主济南王刘康，有田800顷，奴婢多达1400余人……贫富差距不断扩大，普通百姓不断沦为佃农、雇农，社会地位不断下降，甚至成为奴婢。统治者和被统治者的矛盾日趋激烈。就是在这种"如临深渊，如履薄冰"的形势之下，统治阶级内部仍在进行着十分激烈的斗争。

外戚与宦官一直争权夺利，狗咬狗的斗争愈演愈烈。外戚是皇帝的母族、妻族，他们从不安分守己，总是通过太后、皇后的裙带关系去获取官位，控制朝廷。特别是幼年皇帝登基之后，太后、皇后往往要利用自己的父兄来处理政事，让这些人担任高官，把持军政大权。如果皇帝长大以后同专权的外戚政见不一，那么他就会依靠宦官同外戚进行斗争，这样宦官又开始专权。如此不断轮回，就出现了外戚与宦官的明争暗斗。

曹操字孟德，小名阿瞒，沛国谯郡（今安徽亳州市）人，是东汉末年的政治家、军事家、文学家。曹操出生的时代，外戚与宦官斗争非常激烈，以汉桓帝和汉灵帝时期尤为突出。上层腐败，各级官吏贪赃枉法，全不顾及百姓的生死存亡。上天似乎也和人过不去，在人祸未息的同时，天灾也是不断，真的是民不聊生。

据史书记载，东汉时期发生大水灾27次，桓、灵帝时期就有13次，占水灾次数的1/2；东汉时期发生大旱灾17次，桓、灵帝时期就有6次，占旱灾次数的1/3。另外，据不完全统计，桓、灵帝时期发生大蝗灾7次，大风灾2次，大雹灾7次，大疫灾8次，地震十多次。天旱水涝、蝗虫冰雹、瘟疫地震不断发生，普通百姓苦不堪言，处于水深火热之中。

天灾人祸搞得全国出现了"地广而不得耕，民众而无所食"的凄凉景象，人吃人的现象时有发生，走投无路的穷苦百姓纷纷揭竿而起。

桓、灵时期各地爆发了大规模农民起义，他们自称"皇帝""黑帝""太上皇帝"……当时民间就流传着这样一首民谣：

发如韭，
剪复生。
头如鸡，
割复鸣。
吏不必可畏，
小民从来不可轻。

曹操很幸运，没有生活在水深火热之中，而是生在一个钟鸣鼎食之家，并因此得以在20岁时即举孝廉，步入仕途，从此青云直上，最后位至王公，权倾天下。

曹操又很不幸，因为他的父亲曹嵩是宦官中常侍曹腾的养子。虽然曹嵩已官至太尉，但毕竟是来自一个宦官家庭，被世人所鄙视。生在为人不耻的宦官家庭，尽管他后来当上了魏王，儿子又把魏武帝的桂冠送给了他，但毕竟也没能遮住其爷爷那顶宦官的"破帽"。何况，曹操的奸诈似乎是天性，他喜欢玩弄权术、诈术，从少年时就给人留下了不少话柄。否则，陈琳为袁绍撰写讨曹檄文的时候，怎么会如此得心应手？

陈琳未归附曹操时，他这样骂曹操：

司空曹操，祖父中常侍腾，与左悺、徐璜并作妖孽，饕餮放横，伤化虐民；父嵩，乞丐携养，因赃假位，舆金辇璧，输货权门，窃盗鼎司，倾覆重器。操赘阉遗丑，本无懿德；僄狡锋协，好乱乐祸。

这篇檄文，可以算得上是骂人艺术的经典作品。现在有人骂人，动不动就是"祖宗十八代"，这种骂人风格，估计就是陈琳开的先河。就连曹操本人，在横扫袁绍抓获陈琳后，也忍不住问了一句：

卿昔为本初移书，但可罪状孤而已，恶恶止其身，何乃上及父祖邪？

不过这一骂，倒是治好了曹操的头风病。

然而这一切对曹操来说都算不上什么。人能够选择自己的道路，把不利变为有利，用自己的成功堵住别人的口！

曹操是曹嵩的长子，从小就很机灵，善于随机应变，不太理会封建礼教那一套清规戒律，生活放荡不羁。他一天到晚东游西逛，喜欢游猎、歌舞，有时玩玩飞鹰猎犬，耍枪棒，尤其精通骑术和剑法，经常玩到很晚才回家。不仅如此，他还常常凭着一身武艺到处乱闯，因此口碑一直不太好。

他甚至还触犯过刑律，被县官追究，准备以重罪判处。但县官还不知道祸是曹操闯的，曹操的伙伴夏侯渊便钻了这个空子，出面替曹操承担了罪责。事后，曹操又设法将夏侯渊营救了出来，双双逃脱了惩罚。

寝殿侍奉长官常侍张让，是当时皇帝宠信的宦官，他专权用事，极为跋扈，大小官员都怕他，民愤极大。曹操的父亲曹嵩在京城洛阳做官时，曹操也跟着去了洛阳。有一次，张让正在床上闭目养神，曹操竟然闯进了他的卧室，张让发现有生人闯进来，大叫："有刺客！"刹那间，卫士们蜂拥而至。可曹操一点也不慌张，他拿着一支手戟，从卧室打到厅堂，从厅堂杀到院墙，卫士们没有一个敢近前，只好眼睁睁地看着他翻墙而去。

且不说曹操的这种行为是不是表达了他对张让的憎恶，但他的这种放荡不羁，引起许多风言风语。

曹操的叔父对曹操的这些事情一清二楚，担心他将来不成材，就向曹嵩告了一状，让他对曹操严加管教。曹嵩听后，便把曹操叫来，严厉地训斥了一顿。从此曹嵩加强了对曹操的约束和管教。

其实，他叔父告状的目的，也是希望自己的侄儿能够行为端庄，遵纪守法，有些恨铁不成钢的意味，是为了曹操的前途考虑。可是这样一来，曹操就不能像从前那样自由了，因而他对叔父很是反感，一心一意想要报复。

一天，曹操像往常一样在街上游逛，又遇到了叔父，他突然计上心来，心想："老东西，看我怎么收拾你！"于是"哎哟"一声大叫，顺势扑倒在地。

他叔父哪里知道有诈，以为侄儿出了意外，慌忙上前去看。只见曹操张大嘴巴，歪着脖子，脸上肌肉不停地抽搐，直翻白眼。叔父大吃一惊！

"你，你怎么啦？"叔父急忙问。

"哎哟……"曹操痛苦地哼哼。

叔父见情况不好，急忙跑去告诉曹嵩："快！你儿子中风了！"

曹嵩闻讯匆匆赶去。

曹操躺在地上，老远看到父亲从街角跑来，一个鲤鱼打挺站了起来。曹嵩一看，曹操好端端地站在那里，脖子也不歪，眼也不翻白，神态和往常一样，好像什么事也没有发生，觉得很奇怪。

"你不是中风了吗？怎么什么事也没有？"

"谁说我中风了？咒我啊！"

"你叔父跟我说你中风了。"

"我哪里中风？他的话你也信？"曹操委屈地说，"叔父一向讨厌我，老在背后说我的坏话，现在又说我中风，这不是存心咒骂我吗？"

"啊，原来是这样……"

曹操一计得逞！

从此，曹嵩对兄弟诉说儿子的话，不再句句信以为真，曹操也就更加无所顾忌，他甚至还伙同袁绍，一起干过"抽刃劫新妇"的勾当。

《世说新语》记载：曹操小时候，经常和袁绍做一些游侠之事。一次观看新婚典礼，曹操偷偷藏到主人的花园中，夜里大喊："有小偷！"房里的人都出来看，曹操则乘机钻进新房，拔刀劫持新娘，和袁绍一块儿逃走……

做贼未免心虚，曹操和袁绍只顾逃跑，没想到迷失了方向，竟陷进了荆棘丛，袁绍被荆棘绊住无法动弹，眼看就要被追赶的人发现，曹操急中生智，又大喊一声："小偷在这里！"袁绍由于害怕，一下就从荆棘里蹿了出来，于是两个人都逃离了险境。

关于曹操的胆量，有这样一个传说。曹操10岁的时候，到谯水洗澡，一条鳄鱼突然向他冲了过来，曹操不但没有躲避，反而与鳄鱼在水中展开激战。在曹操的奋力搏击下，向来以凶狠著称、令人毛骨悚然的鳄鱼，竟灰溜溜地败下阵来，慌慌张张地逃走了。虽然这只是一个无法考证真伪的传说，但曹操无所畏惧的性格由此可见一斑。

与袁绍相比，曹操除了胆大，还能在危急关头镇定自若，想出脱险的办法。如果曹操陷到荆棘里动不了，袁绍可能会抓住曹操使劲拉，也可能屏住呼吸一动不动地趴在地上，绝不敢大声喊叫。

另外，曹操当时的情急生智是不是为了摆脱追捕，贼喊捉贼，趁机嫁祸袁绍，好借机会脱身呢？我们不得而知。但既然袁绍能被吓得跳出来，从而两人一起逃脱，结果是好的，我们自然也就不好妄自揣测，只能说曹操深知袁绍的心理，用智巧妙，能随机应变。

总的说来，从曹操少年时代的种种行为，倒也可以对他的品性管窥一斑。那时的曹操，就已经显示出诡谲奸诈的性格，同时也显示出了果断不怕死的精神。但也正是由于这些离经叛道的事，曹操要想进入政治领域，就有了一些困难。

为什么呢？

汉代用人，主要来自公府的征辟和地方的察举。用不用你，主要依据地方上的舆论评议作为鉴定，这种舆论和评议也叫作"清议"。想要步入仕途，只有经过舆论的鉴定，并得到称誉，才有可能成为征辟察举的对象。而清议的标准，大体上以名教为主。也就是说，一个人必须熟读经史子集，研习礼乐，修养品行，随时注意修饰自己的言谈风度，这样才有可能得到清议的好评。另外，家世背景也是一个重要影响因素。

曹操出自宦官之家，深受士人鄙视，年少时又不学无术，生来不喜欢礼教的条条框框，清议要求的那些修养和言谈风度，对他来说，无异于登天，对他的仕途发展无疑是一种巨大的障碍。

所幸的是，在经学日渐衰微的汉末，士人的那一套修为渐渐退到次要地位。曹操的家世品行虽然没有太多值得称道的地方，但才能却非常突出！

由于曹操年轻时四处游荡，行为不羁，不但不经营家庭产业，也不谋求入仕做官。因此，不但多数人都认为他不过是一个顽皮又没有多大出息的孩子，就连他自己也认为"（自己）本非岩穴知名之士"。

第二节　忧世不治

随着年岁的增长，交游范围的扩大，特别是耳闻目睹了许多官场争斗，曹操渐渐涉足社会。他清醒地认识到，宦官集团遭到广大士人反对，不可能有多大的前途，因此力图改变自己的形象，不再终日沉溺于声色犬马的生活，与宦官的腐朽势力同流合污。这个昔日放浪的少年，终于开始脱胎换骨，日渐成熟。

当时的士大夫集团，在统治集团中还未占据优势，但潜力却很大，为了进入这个集团，曹操也是煞费苦心。他千方百计地寻求同名士交往的机会，竭力争取他们的理解和支持，最终达到进入政坛的目的。

不仅如此，曹操还开始博览群书，广泛涉猎各家学术，研习兵法。曹操也读儒学经典，但他认为大多数汉儒皓首穷经，于事无补。因而，他并不专攻儒术，而是诸子百家各取所长，把有用的东西加以汲取，年轻时就以"能明古学"著称于乡里，又十分具有观察和随机应变的能力。此外，曹操还广泛地搜集、整理了东汉以前各家的兵法，把重要的内容摘录下来，编成《兵法节要》，发表了不少独到的见解。他还着手为我国古代最著名的军事著作《孙子兵法》做注，从原来的82篇，缩编成13篇，取其精华分篇进行注解，并写了序言，题为《孙子略解》，一直流传到今天。

这些，都为他以后的叱咤风云、傲视群雄提供了非常重要的知识储备。

　　由于舆论直接影响了士子在政坛的进阶，当时品评人物的风气很盛，有些人就成了清议权威、鉴定人才的专家，被人们当作天下名士。他们对人物的褒贬，很大程度上能左右地方上的舆论，因而影响到士人的仕途进退。士子们为了取得清议的赞誉，不得不进行广泛的社交活动，寻师访友，并趁机展示和提高自己的才学声名，博取人们的注意和好感，特别是博取清议权威的赞誉。这样一来，一些清议权威终日宾客盈门，甚至还出现了求名者不远千里而至的情况。

　　曹操无疑是一个有远见的人，他对于这种形势，有着极为清醒的认识。因此，曹操除了广交朋友，在他们面前尽可能地展示才华外，还特别注意结交名士，竭力争取他们的支持，从他们那里获取赞誉，积极地参议政事。

　　汝南有个叫王俊的名士，他很赏识曹操。有一次，汝南大豪族袁绍兄弟为他们的母亲办丧事，仪式极为隆重，有3万人送葬，曹操和王俊也在场。曹操看到这么奢侈阔气的场面，十分愤慨。

　　他私下跟王俊说："国家就要大乱，为首作乱的必定是这两个家伙。要安定天下，替百姓解除疾苦，不先杀掉这两个祸首，会后患无穷。"

　　王俊表示赞同，并对曹操耳语："你说得很对，能安定天下的人，除了你还有谁？"说完，两人心领神会地大笑起来。

　　王俊和曹操，两人是不是互相吹捧，我们不得而知。但王俊当时就能看出曹操非同凡响，倒确实是一个有识人眼光的伯乐。曹操得到这样的褒扬，自信心愈加坚定，抱负也愈加远大。

　　南阳何颙，字伯求，年轻时游学洛阳。他因为受陈蕃、李膺等人的牵连，隐姓埋名逃到了汝南。因为他与袁绍关系不错，曹操也认识了他，常常跟他谈论天文地理、社会变革，曹操在何颙面前充分展示了自己的才华，发表了不少独到的见解，令何颙刮目相看。

何颙不禁感叹："汉家就要灭亡，能够安定天下的，必定是这个人了。"曹操听了非常高兴，从此他也算是小有名气。

桥玄，字公祖，梁国睢阳人。历任县功曹、国相、太守、司徒长史、将作大匠、少府、大鸿胪、司空、司徒、尚书令等职。光和元年（公元178年），升任太尉。

桥玄很善于观察和品评人物，以有政治远见和善识人才闻名四方，在清议界也享有很高的声望。他为人刚毅果断，正直勇敢，虽然身居要职，但却廉洁自守，去世后，穷得连殡葬的钱都没有，被当时的人所尊崇，是汉末名臣。

桥玄位至三公的时候，曹操慕名前往。他见了曹操就说："现在天下就要大乱，不是经邦济世的人才不可能使天下安定下来。能够安定天下的，大概就是你了。"他甚至还以妻子儿女相托："我见过的天下名士多了，没有一个是像你这样的。你要好好努力。我已经老了，愿意把妻子儿女托付给你。"

曹操听了，非常感激，把这位老前辈引为知己，并深表谢意。建安七年（公元202年），曹操驻军谯县，他派人四处打听桥玄的消息，而桥玄已去世多年。于是他派人带了祭文和祭品，到桥玄墓前隆重地祭祀了一番。为了怀念桥玄，感谢他对自己的赏识和荐举，使他一个无名之辈很快出名，曹操写下一篇著名的祭文，祭文为：

　　故太尉桥公，诞敷明德，泛爱博容。国念明训，士思令谟。灵幽体翳，邈哉晞矣！吾以幼年，逮升堂室，特以顽鄙之资，为大君子所纳。增荣益观，皆由奖助……士死知己，怀此无忘。又承从容约誓之言："殂逝之后，路有经由，不以斗酒只鸡过相沃酹，车过三步，腹痛勿怪。"虽临时戏笑之言，非至亲之笃好，胡肯为此辞哉……怀旧惟顾，念之凄怆。奉命东征，屯次乡里，北望贵土，乃心陵墓。栽致薄奠，公其尚飨！

考虑到曹操年轻还没有什么名气，因此桥玄曾劝他去结交许劭，曹操也对许劭慕名已久，因此带着厚礼，长途跋涉上门去拜见。

许劭是汝南平舆人，字子将，是司空、太尉许训的侄儿，也算得上是名门之后。因为善于待人接物，能鉴别人物好坏善恶，跟堂兄许靖两人知名度极高，当时人们把他和太原郭泰作为推举清议的权威，谁要是能得到他的赞誉，就能身价倍增。

但许劭这个人自命清高，不肯应召出来做官。他只喜欢和堂兄许靖共同评估当世人物。每月的初一，他都会邀请当时的评议人士会聚一堂，把本乡的人物重新评议一番，做一次总结，排列出高下顺序，汝南人称之为"月旦评"。每月凡是得到他们好评的无名之辈很快就会被人器重；已有了名气的，也会声誉猛增。

据说许劭做过功曹，官兵们很敬重他，一旦听了他的话，无不奋发改过，可见其影响力。

曹操见到许劭，谈不多时，就恳切地问："许先生，你看我是怎样一个人？"

许劭没有桥玄那样的气度和干脆，他有些看不起曹操，认为自己这样的人跟曹操这个出自宦官之家的人物结交有失身份，就闭口不答。不过曹操比较执着，为了捞取政治资本，他不在乎许劭那种轻视的眼光，多次带着厚礼，赔着笑脸去拜访许劭，请求许劭帮助自己。

许劭一方面感到曹操与众不同，另一方面大概对曹操那些不好的行径有所了解，不大欣赏他的这些行为，因此拒不作答。曹操也不放松，坚持着自己的要求，最后甚至找了个机会对许劭进行胁迫。

许劭遇上了曹操这种难缠的人，也确实大伤脑筋，再加上拿人手短，吃人嘴软，经不住曹操再三追问，他终于开了尊口，对曹操说："你是治世的能臣，乱世的奸雄。"曹操得了许劭这样一句话，大喜过望，哈哈大笑着告辞。

因为有了许劭的这句评论，曹操更是名声大振。他从此因许劭而闻名当世，许劭也因评论曹操而名流千古。尽管，许劭谓其"奸雄"仍旧带有对曹操品行否定的意味，但既然是"雄"，那么"雄则雄耳"，自然另当别论！

许劭的评论果然有事半功倍的奇效，没多久，曹操就被家乡一些有地位的人推举为"孝廉"（汉代选拔官吏的科目之一）。不久，又被朝廷任命为洛阳北部尉。曹操从此踏上仕途，开始了他叱咤风云的一生。

在一个君主昏庸、政治混乱的社会里，人人都是势利眼，一个浪荡少年要想出人头地，可以说是难上加难。而曹操却凭着自己顽强的斗志，不断地抓住各种机会，为自己赢得了一个"治世之能臣，乱世之奸雄"的美名，捞到了一笔政治资本。

由于自己出众的才能，又争取到了众多名士替自己激扬名誉，曹操引起了士大夫集团越来越广泛的注意，这对他跻身士林、步入政坛，起到了重要的作用。"乱世奸雄"的美梦，一直让他陶醉，并催促着他辛勤奋斗了一生！

第三节　初露峥嵘

熹平三年（公元174年），曹操19岁。经过一番积极的准备活动，曹操被乡里推举为孝廉，又凭着孝廉当上了郎官，随后，经尚书右丞司马防推荐，出任洛阳北部尉。

尉的官职不高，是县令的副手，主管军事，负责查禁盗贼，维护辖区的社会治安。曹操既然出任洛阳北部尉，就要负责洛阳北部地区的治安工作。但洛阳是京城，常常四方会集，五方杂处，社会治安很乱。又因为是在天子脚下，权贵不少，经常有权贵的子弟、亲丁仗势欺人，为所欲为，一般人和职位比较低的官吏都不敢招惹他们。一些豪强子弟和地痞流氓又常在夜里走街串巷，敲诈勒索，无恶不作，把洛阳城搞得乌烟瘴气。

曹操担任洛阳北部都尉后，年轻气盛，很想有所作为，为百姓除害，干出一番事业，打造好的名声；加上家中又有后台，便放手干起来。

新官上任三把火，曹操到任的第一天，就命令工匠把年久失修的都尉衙门粉饰一新，又下令连夜赶造五色棒，涂上青、赤、黄、白、黑五种颜色，在衙门左右悬挂。同时张贴告示，申明禁令：禁止夜行。如有违反治安条例者，不管是平民百姓还是豪强权贵，一律用五色棒打死。

夜禁令一出，街头巷尾议论纷纷。有的说，这下夜里可以睡个安稳觉了；也有的说，这只不过是新官上任，做给人看的。至于那班作恶多端的豪门贵戚，根本不理会什么夜禁不夜禁，小小部尉在他们眼里根本就不算是个官，夜里他们照样明目张胆地在街上胡作非为。曹操手下的衙役也不敢得罪豪强，遇到豪强子弟为非作歹，也是见怪不怪，大事化小，小事化了，瞒着曹操不敢禀告。因此禁令颁布了好几天，治安仍不见好转。

宦官蹇硕是"十常侍"之一，皇帝十分宠信，统领禁军，权倾朝野。因而，蹇硕的叔父常常依势为所欲为，京城里谁也不敢得罪他。曹操下令夜禁，他当然也不把曹操放在眼里，故意违禁夜行。

一天，曹操决定亲自夜巡。他带着几名巡官和兵丁绕过白马寺，来到豪门贵族居住最集中的街上。走着走着忽见一个头戴乌纱帽的干瘪老头匆匆走过大街，后面还跟着两名家丁，老头在一家民房前站住了。家丁上前敲门："开门，开门！"屋里没有动静，家丁大声喊叫："快开门，老爷驾到，还不快出来迎接！"屋里仍没有反应，只见家丁猛地一脚，"咔嚓"一声，大门被踢开了。老头和家丁一拥而进，屋里传来妇女的哭喊声。

这一切，曹操看得真真切切，他愤愤地下令："把那人抓来！"

不一会儿，一位巡官回来悄声禀告："大人，那位老爷我们惹不起……"

曹操一问，才知道那老头是宦官蹇硕的叔父。

曹操正要找一个杀鸡儆猴的机会，杀杀权贵们的威风，他心想："今日放过这种人，日后怎能做到令出必行？"

决心一下，曹操斩钉截铁地下令："带走！"

第二天清晨，北部都尉衙门前人头攒动。当人们得知蹇硕的叔父被抓了起来，一片哗然，都想看看这位年轻的都尉如何处置这位老爷。兵丁把蹇硕的叔父押到衙门前，曹操站在台阶上，指着门旁悬挂的五色棒喝道："你看清楚，这是什么？"

老头虽然被抓，料定这个芝麻小官不敢把他怎么样，又见曹操如此年轻，欺他不懂人情利害，不由得冷笑一声："这是小孩子耍的玩意儿。"

曹操向四周扫视了一眼，毫不客气地吩咐左右："开打！"话音刚落，几根五色棒向着蹇硕的叔父劈头盖脸地打去。不一会儿，他就像条死狗似的瘫在地上，一动也不动。

五色棒结果了蹇硕叔父的性命。小小的洛阳北部都尉棒杀了皇帝身边大红人的叔父，这消息一传十、十传百，很快传遍了全城。

初入官场的曹操只是一个小官，但他很会当官，他能把权力用足用好，依据法度行事，敢于以下犯上，不畏权势，体现了他的无畏与有为，因而树立起自己的威望，最终使得洛阳北管区的治安面貌焕然一新，豪强子弟不再敢扰乱治安。曹操在洛阳北部都尉任上所表现出来的才干、勇气和秉公执法、不避权贵、雷厉风行的精神作风，不仅在当时掀起了一股冲击波，而且对他后来所走的人生道路也产生了深远的影响。

曹操对这一段不平凡的生活一直不能忘怀，后来，在他当了魏王后，还特地把推荐他做北部都尉的司马防请到邺城来，设宴款待，开玩笑说："我现在还可以再去做都尉吗？"

司马防回答得很巧妙："过去我推举大王时，大王正适合做都尉。"

曹操听了，哈哈大笑。

曹操为维护洛阳北部的社会治安做了一件好事，但却招来了灵帝身边那帮近侍的忌恨。宠臣们对曹操恨之入骨，把他视作眼中钉，一心想治治曹操，但曹操的祖父也曾是中常侍之一，不是等闲之辈，因此曹操在宫中也有靠山，一时抓不到他什么把柄。再说，曹操杀蹇硕叔父是有令在先，并非鲁莽行事。

因此，这些宠臣只得采取以退为进的策略，把掉下的牙往肚里吞，使了一着明褒暗降、调虎离山之计：他们在灵帝面前夸奖曹操很有才能，治理洛阳北部有功，在宦官子弟中，是十分难得的人才，然后一致称赞并保荐他。熹平六年（公元177年），蹇硕等人又请人把曹操调到远离洛阳的顿丘（今河南省清丰县西南）去当县令，将曹操调离了洛阳。

曹操任顿丘令的时间不长，但也有不俗的表现。这一点，从曹操南征孙权，派他的儿子曹植留守邺城时说的一番话就可以看出。建安十九年（公元214年）七月，59岁的曹操勉励曹植说："吾昔为顿丘令，年二十三。思此时所行，无悔于今。"可见曹操对自己在顿丘令任上的表现，是非常满意并引以自豪的。

汉灵帝建宁元年（公元168年），灵帝刚当皇帝的时候，大将军窦武是当时外戚集团的首领。他曾与太傅陈蕃共同谋诛宦官，结果反为宦官先行下手所杀。到公元181年，事情过去了十多年，曹操因为能明古学，第二次被征召，拜为议郎，回到洛阳。

议郎在郎官中地位较高，但不担任实际政务，专门给皇帝提供意见，论列是非。当时朝政浑浊，奸邪充塞，皇帝为宦官、贵戚所愚弄，不知下情。身为宦官后代的曹操当上议郎后，充分发挥了自己的才干，上书灵帝，为窦武、陈蕃申诉，言辞十分激切。他认为，窦武等人很正直，却被陷害；奸佞充塞朝廷，忠贤进身的道路被阻塞，朝政需要改革。这样一来，自然引起相关阶层的敌视，这些建议最终也没有被汉灵帝所采纳。

这时的曹操年仅26岁，但已经表现出无所畏惧的勇气和突出的政治才华。

第二章

乱世枭雄

第一节　天下大乱

中平六年（公元189年），汉灵帝死，皇子刘辩即位，何太后临朝，何进掌握了政权。汉灵帝宠爱的宦官蹇硕为了执掌权力，曾谋划诛杀何进，但却让何进侥幸逃脱。因而，何进掌权后，"忿蹇硕图己，阴规诛之"，杀了蹇硕，并听从袁绍建议，打算尽诛宦官。于是，召有"西凉狼王"之称的董卓进京，协助剿灭宦官势力。

宦官们顿时惊恐万状，担心祸事临头，他们首先发难，杀死了何进。为此，袁绍找到借口，尽杀宦官两千余人。朝廷混乱不堪。

这个时候，董卓引兵进入洛阳。

汉灵帝有两个儿子，一个是大将军何进之妹何皇后所生的刘辩，一个是王贵人所生的刘协。灵帝曾认为刘辩"轻佻无威仪，不可为人主"（《后汉书·何进列传》），所以不喜欢他，想把皇位传给刘协，只是碍于何进的权势才作罢。

然而刘协毕竟是龙子龙孙，先天既足，后天又比较聪明，致使董卓对他一见便暗自称赞，顿生立刘协为帝的野心：

> 帝战栗不能言。
>
> 陈留王勒马向前，叱曰："来者何人？"
>
> 卓曰："西凉刺史董卓也。"
>
> 陈留王曰："汝来保驾耶？汝来劫驾耶？"
>
> 卓应声曰："特来保驾。"

陈留王曰："既来保驾，天子在此，何不下马？"

卓大惊，慌忙下马，拜于道左。陈留王以言抚慰董卓，自初至终，并无失语。卓暗奇之，已生废立之意。

在董卓看来，年仅9岁的陈留王刘协，姿质天成，理当承位。何况少帝刘辩又"暗弱，不可以奉宗庙，为天下主"（《后汉书·董卓列传》）。因此他力排众议，一再提出要废少帝立陈留王：

卓曰："天子为万民之主，无威仪不可以奉宗庙社稷。今上懦弱，不若陈留王聪明好学，可承大位。吾欲废帝，立陈留王，诸大臣以为何如？"

他的提议遭到丁原和卢植的反对。但他并不甘心，不久又一次提议，而且比前一次多了几分杀气：

卓按剑曰："今上暗弱，不可以奉宗庙；吾将依伊尹、霍光故事，废帝为弘农王，立陈留王为帝。有不从者斩！"

然而他的提议又遭到了袁绍的反对。

袁绍对董卓说："汝欲废嫡立庶，非反而何？"

董卓非常生气地说："天下事在我！我今为之，谁敢不从！汝视我剑不利否？"

袁绍也拔剑说："你剑锋利，我的剑未尝不锋利！"

真的是剑拔弩张。

过了一段时间，董卓又借会见文武大臣之机，第三次提出他的建议：

卓拔剑在手，对众曰："天子暗弱，不足以君天下。今有策文一道，宜为宣读。"乃命李儒读策曰："陈留王协，圣德伟懋，规矩肃然；居丧哀戚，言不以邪；休声美誉，天下所闻：宜承洪业，为万世统。"

丁原因反对董卓被斩。献帝在杀气腾腾的氛围中被董卓扶上了皇帝的宝座。

但董卓利用献帝跋扈执权的好日子并没有持续多久。他被袁绍等人讨伐后，司徒王允用了招连环美人计，利用吕布杀死董卓，"西凉狼王"死于爱将义子之手。

董卓死后，其部将李傕、郭汜等率军攻破长安，杀了王允，赶走吕布，将献帝掳走。随即李傕、郭汜又相互火并，献帝落到李傕手中。但李傕部将杨奉、董承叛离李傕，二人又带着献帝逃回到洛阳。

当时群雄割据，都想吞灭对方，独霸天下。很多军事势力，纷纷乘乱起兵。而都城洛阳，皇宫、民宅几乎被焚烧一空，跟着汉献帝撤退的公卿大臣，只剩几十人，朝廷的秩序更是荡然无存，文武官员只好拔除荆棘乱草，靠着断墙破壁居住。各州郡首领又都有自己的打算，虽然手握重兵，却没有人肯来进贡送粮。官员们饥饿难忍，凡是官职在尚书令以下的，都要亲自到郊外采摘野菜。这样一来，有很多官员就在断垣破壁间饿死，有的则在郊外寻食的时候，被乱兵杀死。

朝廷官员的生存尚且如此艰难，普通老百姓更是处于水深火热之中。

汉乐府诗歌《东门行》，就反映了这时的民间苦难：

出东门，不顾归；来入门，怅欲悲。盎中无斗米储，还视架上无悬衣。拔剑东门去，舍中儿母牵衣啼："他家但愿富贵，贱妾与君共铺糜，上用仓浪天故，下当用此黄口儿。

今非！""咄！行！吾去为迟！白发时下难久居！"

统治集团的日趋腐朽，豪强势力的连年混战，加上各种自然灾害接踵而至，天下终于大乱了。

中平末年（公元188年至189年），各地的黄巾军再次悄悄壮大。初平二年（公元191年），青州黄巾军三十万人攻入太山郡，太山太守带军出战，致使黄巾军前进受阻，前后牺牲数千人，被迫退出太山郡。

事后，黄巾军北渡黄河进入渤海郡，公孙瓒大显身手，引军击退黄巾军数万人，令黄巾军元气大伤，死者过万。

过了不久，这支由农民组成的队伍经过一段时间的休整，又东山再起，于初平三年（公元192年）四月，以百万之众攻入兖州。情急之下，兖州牧刘岱决定发兵阻击黄巾军。

这时，济北相鲍信分析了当时的军事形势，向刘岱建议："黄巾军声势浩大，号称百万之众，百姓都有些害怕，士兵们也没有了斗志，很难抵敌。我看这帮叛贼人数众多，群辈相随，却没有什么粮草辎重，只有靠抢夺劫掠作为军资来源，我们不如养精蓄锐，坚守阵地，让他们战又战不得，攻又不能攻。这样一来，其气势必然大大削减，人员离散，到了那个时候，我们再选派精兵强将，攻其要害，一举歼灭他们。"

鲍信所说很有些道理，可是轻敌的刘岱不但没有接受鲍信的建议，还亲自领兵出战，结果做了黄巾军的刀下鬼。

与此同时，曹操正密切关注着局势的变化，每日加紧操练兵马，准备谋求进一步的壮大。刘岱一死，曹操就将眼光放到了兖州。

曹操手下的一个谋士陈宫献计说："兖州无主，朝廷难以对他们下达政令，实行统治，我愿意去游说各郡，让你担任兖州牧，以那个地方作为根据地，慢慢发展壮大，这样一来，必当成就霸业。"

曹操当即表示同意，于是派陈宫到兖州对鲍信等人进行游说，说兖州无主，曹操又是命世之才，如果能请他当兖州牧，必定能安定生民。济北相鲍信本来就看重曹操，听此一说，心下更加坚定，于是请来曹操担任兖州牧。

由于汉时全国分十三州刺史部，初为中央派出的监督机构，东汉末期刺史（后称州牧）已是地方上最高的一级军政长官。虽说曹操担当的是兖州牧一职，但也是今非昔比，他自此成为真正的一方之主。

曹操一担任兖州牧，立即就带兵奔赴寿张，阻击黄巾军。

一开始，曹操率领步骑千余人，边走边勘察地形，摸索到黄巾驻地，准备偷袭，结果出师不利，死者数百，被迫退回。后来，在曹操与黄巾军的多次争战中，鲍信战死。曹操当上兖州牧，自有鲍信一份功劳，于是引为知己，如今鲍信战死，曹操心中大恸。

初平三年（公元192年）冬十二月，曹操追击黄巾到济北。黄巾被迫乞降，曹操收降卒三十余万，男女百余万人。事后，曹操又将黄巾军精锐进行整编，组成了自己的一支作战队伍，号称"青州兵"。

很显然，在扑灭黄巾军起义的过程中，曹操表现得异常坚决和果断。他与袁绍、公孙瓒不同，他在胜利之后并没有对起义部队进行残酷的屠杀和镇压。当初，袁绍讨伐黑山，"围攻五日，破之，斩毒及其众万余级""进击左髭丈八等，皆斩之""又击刘石、青牛角等""复斩数万级，皆屠其屯壁"。

公孙瓒反击青、徐黄巾军于东光南面，"斩首三万余级""黄巾奔走清河，瓒因其半济而攻之，又杀黄巾数万，流血丹水"。

相比之下，曹操似乎更为仁慈，目光也更为远大。他不但没有对黄巾军进行大规模屠杀和歼灭，还将投降的尽数挑选，将精锐收编入伍，纳为己用，壮大了自己的军事实力，这就比袁绍、公孙瓒高明多了。

可见，对天下大势，曹操始终保持着清醒的认识。他知道：天下大乱、地方割据、军阀混战已是不可避免，要在这种局面下立住脚跟，进而扩大地盘、发展自己、战胜对手，没有足够的兵力作为基础是不可能的。但兵力从哪里来？曹操早已瞄准了起义军这个庞大的军事集团。因而，曹操对起义军实行的是两手政策，即镇压与诱降相结合。

有了青州兵这样一支精锐部队作为后盾，曹操的势力便真正地壮大起来，并已切实奠定了今后发展的根基。

第二节　挟天子

东汉末年，有识之士的共同结论是：东汉王朝已经名存实亡。然而，距离它寿终正寝毕竟还有一段距离。若想抢夺天下，"天子"的名义还不能完全抛开，必须借助它作为号令天下的招牌。但是完全尊奉天子的意愿做事情，一方面由于天子自身素质不够，缺少拨乱反正的能力；另一方面又不能满足一些人不断膨胀的权势欲。所以"挟"天子便是一种最好的选择。至于谁能在这场角逐中拥有"挟天子"的权力，就看个人的本事。因此各方豪强各显身手，外戚和宦官争斗不断，交相执权！

董卓死后，袁绍的谋臣沮授向袁绍建议：迎接献帝，迁都邺城。

他对袁绍说：

> 将军累叶辅弼，世济忠义。今朝廷播越，宗庙毁坏，观诸州郡，外托义兵，内图相灭，未有存主恤民者。且今州城粗定，宜迎大驾，安宫邺都，挟天子而令诸侯，蓄士马以讨不庭，谁能御之？

他认为，袁绍家族一连几代都是国家重臣，是最有资格迎纳天子的。现在皇上流离失所，皇宫祭庙也被摧毁。所有州郡虽然打着忠义的旗帜，号召起兵，实际却是互相吞并，各有打算，没有人真正地忧国忧民。既然冀州已获得初步安定，兵强马壮，那么，迎接皇帝大驾，迁都邺城，挟天子以令诸侯，加强武装，讨伐不听命于朝廷的叛逆，必定天下响应。师出有名，看谁敢不听？献帝就是一面正义的大旗，谁抢到谁就占有了先机。

袁绍起初也觉得沮授说得有理，可是郭图、淳于琼的几句话又让他打消了这个念头。

《三国志》记载，郭图、淳于琼对袁绍说，把皇帝接来之后，动不动就得向皇帝请示，反而受到牵制。尽管沮授极力主张迎接献帝，说："现在奉迎皇帝，在大义上是一项收获，在时间上正合适。如果不早做决定，定有人会抢先下手。"但袁绍根本就没有主意，非常犹豫。

就在袁绍还在犹豫的时候，有人已经捷足先登，干脆果敢地抢到了这面大旗！

这个人就是曹操。曹操抢在袁绍之前，将献帝迎接到许昌。

曹操之所以能开创统一北方的基业，不仅得益于他超人的战略洞察力和纵横捭阖的政治手段，还在于他果断而有魄力。就拿是否迎接汉献帝这件事来说，他就独具慧眼，显露出极为远大的战略眼光。

早在四年前（公元196年），曹操初步巩固兖州；二月，他又攻下许县（今河南许昌县），击破汝南、颍川的黄巾军，将已剿黄巾军余部收编为"青州兵"……也就是在这时，谋士毛玠替曹操制定出一个大的战略方针。他说：

"如今天下分崩，皇帝流离失所，人民百业全废，饥寒交迫，弃家流亡。朝廷没有一年的存粮可以救济，人民没有安定生活的保障，这种情况不可能长久不变。如此一来，奉行仁义的军队，才能取得胜利；拥有丰富的财源，才能巩固自己的地盘。现在，接济天子就是大仁大义，我们应该尊奉天子，才有资格号令其他割据的首领；努力推行耕田种桑，才有能力积存粮食草料。如此，霸王事业可以成功。"

当时，曹操敏锐而清楚地意识到，政治决策的正确与否，民心的向背，是决定胜负的首要因素。谁先把汉献帝抢到手，谁就可以在政治上取得有利地位。但是，他虽然与毛玠不谋而合，时机却尚未成熟，因此没有行动。

如今，天子正处于窘迫的时候，正是一个大好机会，曹操再次提出要迎接汉献帝。但有些部将认为，山东（崤山之东）还没有平定，韩暹、杨奉自认为有迎大驾之功，横行凶暴，不可能被马上制服。当务之急是多占地盘，只有荀彧等少数谋臣竭力支持迎驾。

荀彧说："从前，晋文公重耳把周襄王迎回京师，所有的封国国君从此尊奉重耳当霸主。刘邦为义帝发丧，改穿白色孝服，而天下人心归附。自从天子蒙难，将军率先兴兵起义，只因为山东不断发生变故，不能成行。如今，圣驾回到京都，而京城洛阳却一片荒凉，义士们希望国家社稷能够稳定，人民也都渴望回到故乡。假如我们抓住这个机会，迎奉天子，就能安定人心。然后，再以大公无私的态度，使天下悦服，这才是最高的方略。辅佐朝廷，招徕人才，推广恩德。这样，四面八方虽然有很多叛逆，又能有什么作为？韩暹、杨奉之辈，根本不足挂齿。如果不及时做决定，一旦其他英雄豪杰兴起迎奉的念头，即使是用尽心机，也来不及了。"

支持曹操迎献帝的还有谋士毛玠，与沮授建议袁绍"挟天子以令诸侯"所不同的是，毛玠是让曹操"奉天子以令不臣，修耕植以蓄军资"。因为后人的张冠李戴，结果成了曹操"挟天子以令诸侯"，这样就改变了曹操行为的性质，"奉天子以令不臣"的正义色彩荡然无存。

在汉末权力之争的赛场上，汉献帝就像一个接力棒，虽不能助跑，却也不能丢掉。如果你要介入比赛，就必须按规则用它，不管你拿着也好，捧着也罢，只有抓住了它，才有参赛的资格；而这个接力棒也同时有了存在的价值。一旦它获得了自由，摆脱了受挟制的地位，也就到了该被淘汰的时候。曹操是拿棒在手的最后一个人，他把这棒传到他儿子曹丕的手里，曹丕则把这棒送进了库房。

献帝也有他自己的想法，他一直想摆脱这种接力棒的命运，可惜以献帝自己的力量又无法做到这一点，只好不断地借助外力。

在董卓那里，献帝要摆脱；在李傕、郭汜那里，献帝又要摆脱；当他还没到曹操那里时，他把曹操当成了救星，认为"曹将军真社稷之臣也"！太尉杨彪等也对献帝说："今曹操拥兵二十余万，谋臣武将数十员，若得此人扶持社稷，剿除奸党，天下幸甚。"

这就是汉献帝的悲哀，以他的能力，依靠哪一个大臣会摆脱被挟制的命运呢？不幸的是袁绍没听从谋士之言，失去了机会。而曹操却"任天下之智力"，得到了这个机会。所以说要想挟天子也并非易事，关键还要看自己有没有挟天子的魄力和胆识。曹操这样做了，而且做得很好，这就确定了曹操永远不能被取代的、独一无二的地位。

　　曹操听了荀彧的建议后，准备迎帝到许都，正巧，此时议郎董昭有心归附曹操，他知道大将军韩暹仗迎驾之功，横行霸道，不可一世，令朝中很多人大为不满。车骑将军杨奉虽然兵力最强，但外援最少，在朝中有些受压制，董昭就自作主张，一面以曹操的名义写信给杨奉，说愿意和他合作，做他的外援；一面又暗自派人与曹操接洽。

　　杨奉以为曹操要依附自己，十分得意，何况此时的他，也的确需要这样一个支持者。他一高兴，就上表朝廷，推荐曹操做了镇东将军，继承其父曹嵩费亭侯的爵位。

　　机不可失，时不再来，董昭的算盘正拨到了曹操的心坎上，正中曹操下怀，曹操立刻开始了迎帝都许的计划。

　　建安元年（公元196年），曹操领兵入洛阳，亲自朝见汉献帝。到了洛阳，他立刻与董昭取得联系，秘议迁都一事。董昭建议先稳住杨奉，再借口洛阳缺粮，顺势迁都。曹操也害怕杨奉会阻挠，采用了董昭的办法。

　　为了便于控制皇帝，曹操借口洛阳被破坏严重，皇帝无法居住，上表献帝移驾许昌。随后，派扬武中郎将曹洪率军而上，迎接皇帝。

　　九月，曹操护卫献帝和大臣，往东去许昌。此时的杨奉，也已明白中了曹操之计，派人劫驾。卫将军曹承等不允许皇帝落入曹操之手，在险要关卡布防，曹洪不能前进。偏偏老天有心偏袒曹操成就霸业，杨奉手下大将徐晃，早已仰慕曹操才华，想投附曹操，借口奉命劫驾，乘机带领一队人马投奔了曹操。杨奉劫驾不成，反失一员大将，真是有苦难言，只好领着余兵投奔袁术。

　　曹操就这样带着献帝迁都到了许昌，并开始大兴土木，建造宫室殿宇，设立宗庙社稷，奉迎天子定都许昌。

至此，曹操将献帝置于自己有力的掌控之下，取得了"挟天子以令诸侯"的有利地位。各州郡豪强军阀虽然仍旧心怀鬼胎，表面上也不得不听从天子的号令。袁绍此时后悔不迭，又无可奈何，从此处处受制于曹操，有苦难言。

这时的献帝虽然成了一个傀儡，但却避免了在局势极为混乱的时期被废黜、被杀害的危险，可以保留一个国家最高权力的象征；还能使不少割据者的野心、行为受到遏制，从而在一定程度上维护了中央集权，这对控制割据、分裂局面的恶性发展，加速国家统一的进程大有裨益。

献帝既然成了曹操进行统一战争的工具，曹操最高权力的实际取得和他那乱世之雄的美梦，自然也就有了实现的可能——曹操为自己取得了极大的政治优势！

曹操"迎帝都许"，这无异于举起一面号令天下的义旗，不仅能使自己获得高于所有文臣武将的地位，而且还能使献帝从其他军事势力中脱离出来，完全依附自己，这就使得对手处于一种被动地位。从此，无论是征伐异己还是任命人事，都可利用献帝名义，名正言顺地进行。

比如，曹操借天子之诏授予刘备徐州牧一职，叫他杀掉吕布。这个计谋失败后，又借天子诏，让刘备攻袁术。刘备虽知是计，却因"王命不可违也"而起兵前往。

官渡之战时，曹操对袁绍说："吾于天子之前，保奏你为大将军，今何故谋反……吾今奉诏讨汝！"是他以天子的名义行征伐之事，并且终于取得了成功。

赤壁之战后，曹操又于建安十七年冬（公元212年）征孙权。孙权以鞭指操曰："丞相坐镇中原，富贵已极，何故贪心不足，又来侵我江南？"曹操答曰："汝为臣下，不尊王室。吾奉天子诏，特来讨汝！"

就连除掉马腾，也是以天子的名义召其进京而后除之。

"名不正则言不顺，言不顺则事不成。"曹操取得大权最重要的一步，莫过于果断地把献帝迎到许都，自己以辅政大臣的身份自居，从而取得了政治上的主动权。曹操"奉天子以令不臣"算是正了名，顺了言，所以他能在三十多年的东征西讨、南征北伐的岁月中，时时把汉献帝的名号作为自己行动的根据，掌握了很大的政治主动权。

"挟天子"自然免不了被众人议论和辱骂，但先机已被曹操抢去了，别人又能怎么办？袁绍虽然没有授人以口实，却从此处处受到曹操挟制，英雄梦开始一步步地破灭，令他后悔不已。

第三节　鬼蜮之雄

在不同场合，曹操会以不同面目示人，或诚实、或虚伪、或和蔼、或凶残，根据需要，曹操会给自己戴上不同的面具。

曹操性格中有坦诚的一面，这在他的诗文中和平常待人接物的实际行动中都有突出的表现。曹操对于前来归附的才智之士，对于他所信任的部属，特别是那些为他出了大力、立了大功的人，他往往能够推心置腹，坦诚相待。可以说，这也是曹操能够大力网罗人才、团结部属、充分发挥部属作用的一个重要原因。对于部属提出的意见或建议，只要他认为合理，往往能够虚心采纳，绝不含糊。

而在错综复杂的政治斗争中，奸诈多疑的曹操出于对自身安全的考虑，凡是对自己性命、尊严、利益构成威胁的，或者影响曹操建功立业的，他会坚决铲除。

曹操常对人说："我在睡觉时，不要随便走近我，谁走近我，我就会立即把他杀掉，而自己却不知道。你们可千万注意啊！"一次，曹操和衣躺下，假装睡觉，一个近侍怕他受凉，轻轻走上前去给他盖上被子，曹操突然一跃而起，拔剑将这个近侍杀死，然后倒下身子，继续呼呼睡去。从此以后，曹操睡觉时，再也没有人敢走近他了。

至于杀吕伯奢一家，则是臭名昭著的刽子手行为了。

《魏书》载：

> 太祖以卓终必覆败，遂不就拜，逃归乡里。从数骑过故人成皋吕伯奢。
>
> 伯奢不在，其子与宾客共劫太祖，取马及物。太祖手刃击杀数人。

《世说新语》载：

> 太祖过伯奢，伯奢出行，五子皆在，备宾主礼。太祖自以背卓命，疑其图己，手剑夜杀八人而去。

孙盛《杂记》载：

> 太祖闻其食器声，以为图己，遂夜杀之。既而怆然曰："宁我负人，毋人负我。"遂行。

而影响最广的《三国演义》则如此记载：

操与宫坐久，忽闻庄后有磨刀之声。

操曰："吕伯奢非吾至亲，此去可疑，当窃听之。"

二人潜步入草堂后，但闻人语曰："缚而杀之，何如？"

操曰："是矣！今若不先下手，必遭擒获。"遂与宫拔剑直入，不问男女，皆杀之，一连杀死八口。搜至厨下，却见缚一猪欲杀。

宫曰："孟德心多，误杀好人矣！"急出庄上马而行。

行不到二里，只见伯奢驴鞍前鞒悬酒二瓶，手携果菜而来，叫曰："贤侄与使君何故便去？"

操曰："被罪之人，不敢久住。"

伯奢曰："吾已分付家人宰一猪相款，贤侄、使君何憎一宿？速请转骑。"

操不顾，策马便行。行不数步，忽拔剑复回，叫伯奢曰："此来者何人？"

伯奢回头看时，操挥剑砍伯奢于驴下。

宫大惊曰："适才误耳，今何为也？"

操曰："伯奢到家，见杀死多人，安肯干休？若率众来追，必遭其祸矣。"

宫曰："知而故杀，大不义也！"

操曰："宁教我负天下人，休教天下人负我。"

这么多记载，都描绘了曹操作为一代奸雄的真实面目："宁教我负天下人，休教天下人负我。"

至于名医华佗，虽然医术精湛，但因为他让曹操产生了要被谋害的恐惧，因此被曹操杀害了。正如清代毛宗岗所说："曹操欲谋人，必先全我身。"

曹操还具有强烈的报复心理。公元194年，曹操的父亲曹嵩被徐州牧陶谦的部下杀害，曹操迁怒于陶谦，兴兵讨伐陶谦，他打着复仇的旗号，对徐州的老百姓大开杀戒，成千上万的无辜者成了他复仇的牺牲品。

《三国演义》这样说：

> 操切齿曰："陶谦纵兵杀吾父，此仇不共戴天！吾今悉起大军，洗荡徐州，方雪吾恨！"……操令但得城池，将城中百姓，尽行屠戮，以雪父仇……
>
> 陈宫曰："今闻明公以大兵临徐州，报尊父之仇，所到欲尽杀百姓，某因此特来进言……且州县之民，与明公何仇？杀之不祥。望三思而行。"

可是曹操不听。

> 且说操大军所到之处，杀戮人民，发掘坟墓。

陶谦在徐州，闻曹操起军报仇，杀戮百姓，仰天恸哭曰："我获罪于天，致使徐州之民受此大难！"

《三国演义》的说法难免有艺术的夸张，但是《三国志》却也记载：

> 夏，使荀彧、程昱守鄄城，复征陶谦，拔五城，遂略地至东海。还过郯，谦将曹豹与刘备屯郯东，要太祖。太祖击破之，遂攻拔襄贲，所过多所残戮。

常言道：冤有头，债有主，报仇要找仇人。曹操的仇人严格地讲并非陶谦，而是陶谦的部下张闿。徐州的老百姓与曹操父亲的死也毫无关系，曹操应找张闿报仇。陶谦作为张闿的上司尽管对曹嵩的死负有一定责任，但陶谦既未参与谋害曹嵩，也未亲手将其杀死，曹操把复仇的矛头对准陶谦实在有点儿过分。而为报私仇不分青红皂白地杀人，更是丧心病狂，灭绝人性。

曹操不放过仇人，甚至连仇人的后代也不放过。曹操年轻时，沛国名士刘阳见他有雄才，怕他将来危害朝廷，打算将他除掉，但一直未能找到机会。不久刘阳死去，曹操显贵后，下令搜捕刘阳的儿子，刘阳的儿子十分惶恐，无处逃奔，亲戚朋友虽多，却没有一个敢收容他。王朗年轻时和刘阳有交情，于是把刘阳的儿子藏在家中多时，其间他多次找曹操说情，过了很长时间，曹操才赦免了刘阳的儿子。

以曹操自尊、偏激、敏感的个性，是绝对不允许任何人以任何方式忽视自己的存在、蔑视自己的权威、威胁自己的安全的。因此，当这一切有可能出现或已经出现的时候，曹操自然要大开杀戒。

曹操有一次睡午觉，睡前对他的一个宠妾说："一会儿就叫醒我！"这个妾后来见曹操睡得很香，便没有及时叫醒他。曹操醒后大为恼怒，命人将这个宠妾棒杀而死。

据《世说新语·忿狷》载：有一个歌妓，唱歌时的声音特别好，演唱起来清脆悦耳，但就是脾气很坏。曹操想杀掉她，但又舍不得她的美妙歌喉；想留下她，又实在忍受不了她的脾气。曹操于是想出一个办法。他同时挑选了一百名少女，进行歌唱训练，希望能从中发现高水平的人才。不久，果然发现其中有一个达到了这个歌妓的演唱水平，曹操于是便将这个歌妓杀掉了。

这种例子还很多。建安二十四年（公元219年）九月，魏相国钟繇的西曹掾魏讽"潜结徒党"，联络卫尉陈祎等谋反。曹操命令曹丕严厉镇压，格杀勿论。张泉因牵连魏讽谋反案而被杀掉。据《资治通鉴》载，此案"连坐死者数千人"之多，这是曹操死前对异己者的一次诛杀和清洗，那些在官渡之战中私通袁绍的人恐怕也万难幸免了。

还有一次，曹操准备接见匈奴使者。但自以为身材不高，相貌不威严，不足以显示威武，于是便让相貌堂堂的崔琰来代替他，而自己扮成侍卫，握刀站在崔琰旁边。接见结束后，曹操派人去问匈奴使者："你看魏王这个人怎么样？"使者回答说："魏王的仪表风度非常高雅，但握刀站在他身边的那个人才真是一个英雄啊！"曹操得到报告，立即派人追上去把使者杀了。

对恃才傲物或居功自傲者，曹操有时也不能容忍。陈留人边让，博学有辩才，曾著《章华台赋》传诵一时。大将军何进特予征召，蔡邕、孔融、王朗都非常推重他。曹操做兖州牧时，边让自负才气过人，看不起曹操，说了很多有损曹操的话。得势后的曹操不能容忍这样的人存在，于是借边让同乡诬陷边让的机会，让太守士燮杀掉了边让的全家。

沛相袁忠和沛人桓邵也看不起曹操，边让被杀后，两人逃往交州避难，曹操却把他们的家人全杀了。后来桓邵自首，在曹操面前下跪求饶，曹操却恶狠狠地说："你以为下跪就可以免死了吗？"最后，曹操命人把桓邵也拉出去斩了。

赤壁大战前夕，曹操为清除异己、稳定人心，以"谤讪朝廷""大逆不道"的罪名，将"名重天下"的孔融处死，让孔融的同僚和崇拜者着实吃惊不小。

《后汉书·孔融传》载：

孔融字文举，鲁国人，孔子二十世孙也……岁余，复拜太中大夫。性宽容少忌，好士，喜诱益后进。及退闲职，宾客日盈其门……融闻人之善，若出诸己，言有可采，必演而成之，面告其短，而退称所长，荐达贤士，多所奖进，知而未言，以为己过，故海内英俊皆信服之。

曹操对豪门望族始终没有好感，早就想找机会敲打一下。因为曹操在发展壮大和实现政治理想的过程中，遇到来自世家大族和名门之后的种种阻力，这些特殊阶层的代表，利用自己的影响，打着拥汉的旗号，不断给曹操制造麻烦，孔融便是其中之一。

孔融虽没有袁绍兄弟"四世三公"的家族背景，但却是圣人孔子的后代，自己也当过北海相、青州刺史等地方官，在朝中又任过少府等职，最后当上了太中大夫，成了皇帝的顾问，其名声和影响之大是可想而知的。刘备一句"孔北海乃复知天下有刘备邪？"足以说明世人对孔融的重视程度。

公元197年，曹操要杀前太尉杨彪。

孔融反对说："杨公四世清德，海内有名，怎么可横杀无辜？我这个鲁国男子，明天就走，不再上朝了。"

考虑到孔融的名气和影响，曹操不得不打消了杀杨彪的念头。后来，孔融竟鼓吹恢复"古王畿之制"，想借机削弱曹操的实权。

官渡大战前夕，曹操为了稳定后方，曾下令：在建安五年（公元200年）以前的诽谤言论，从宽不予追究，以后再有非议的，"以其罪罪之"。但孔融并未因此有所收敛，而是在曹操的大后方大肆散布失败言论。

《后汉书》载：

少府孔融谓彧曰："袁绍地广兵强，田丰、许攸智计之士为其谋，审配、逢纪尽忠之臣任其事，颜良、文丑勇冠三军统其兵，殆难克乎？"

公元204年，曹操攻占邺城，将袁绍的儿媳甄氏纳为曹丕的妻子。

孔融给曹操写信，说："武王伐纣胜利后，把纣的宠妃妲己赏赐给了周公。"曹操不知道孔融是在嘲讽他，以为孔融读书多，必有出处，就问孔融此典出自何处。

孔融回答说："我是根据你现在的行为猜的！"

曹操这才明白，孔融是有意讥讽自己，心下大怒，已经有了杀孔融的想法。

建安十一年（公元206年），曹操远征乌桓，为了节约粮食，支持战争，下令禁酒。孔融不仅反对，还专门写了一篇称赞吃酒的文章，文中写道：

酒之为德久矣……故天垂酒星之耀，地列酒泉之郡，人著旨酒之德。尧不千钟，无以建太平……

可见其言辞偏激，极为不恭。

孔融的言行严重损害了曹操作为权臣的尊严和形象，进而影响统一大业的完成。曹操"疑其所论渐广，益惮之。然以融名重天下，外相容忍，而潜忌正议，虑鲠大业"。也就是说，曹操对孔融，内心是十分反感的，但因孔融名重天下，只能表面上容忍。他担心孔融的言行会对自己的统一大业造成妨碍，因此，曹操多次忍让后，终于忍不住，产生了予以制裁的想法。

曹操害怕越来越多的人像孔融那样和他对着干。有了犯上不尊的榜样，捋虎须的人就多，这样，再强壮的老虎也要遭殃。孔融对曹操来说，有害无益，因此，必死无疑。

光禄勋郗虑同孔融有矛盾，知道曹操要杀孔融，就见机行事，迎合曹操旨意上表奏免了孔融的官职。曹操利用这一机会，让军谋祭酒路粹代笔，给孔融写一封信去敦促他同郗虑重新和好。但在信的末尾，曹操暴露了自己的本意：孤为人臣，进不能风化海内，退不能建德和人，然抚养战士，杀身为国，破浮华交会之徒，计有余矣。

意思是，自己虽进不能对天下人民施行教化，退不能树立恩德让人们和睦团结，但打击那些互相交结、专以浮华文辞谤议的人，办法还是很多的。这实际是对孔融提出了警告，要他今后多加注意自己的言行。孔融回了曹操一封信，表示要同郗虑"修好如初"，并说将对曹操的"苦言至意，终身诵之"。孔融也意识到曹操对自己再也无法容忍，已起杀意，只好降低了调子，事情才得以暂时平息。

一年后，孔融重新被任命为太中大夫。江山易改，本性难移，他又犯起了老毛病，甚至变本加厉地同曹操作对。

建安十三年（公元208年），孔融当着孙权使者的面诽谤曹操，曹操终于再也不能容忍。他起用郗虑为主管弹劾、纠察的御史大夫，郗虑立即收集了孔融的一些言行以构成罪状，并让路粹上表启奏，表文中说孔融"招合徒众，欲规不轨""谤讪朝廷""大逆不道，宜极重诛"。表章奏上，曹操立即下令将孔融逮捕处死。

曹操杀孔融，对"浮华交会之徒"的确是一个沉重打击。像孔融这样的名士，身份尊贵，颇有影响力，处死他就容易招来非议。有人甚至认为曹操简直喜怒无常，杀伐无度。陈琳在檄文中就这样说：

> 爵赏由心，刑戮在口，所爱光五宗，所恶破三族。群谈
> 者受显诛，腹议者蒙隐戮。

因此，曹操不得不在诛杀孔融后，为平息众怒，发布了一道《宣示孔融罪状令》：

> 太中大夫孔融既伏其罪矣。然世人多采其虚名，少于核实。见融浮艳，好作变异，眩其诳诈，不复察其乱俗也。此州人说，平原祢衡受传融论，以为父母与人无亲，譬若缶器，寄盛其中，又言若遭饥馑，而父不肖，宁赡活余人。融违天反道，败伦乱理，虽肆市朝，犹恨其晚。更以此事列上，宣示诸军将校掾属，皆使闻见。

就这样，曹操既杀掉了颇有社会影响力的孔融，又未引起社会太大的震荡，这完全得益于曹操"鬼蜮之雄"式的谋略。

曹操的性格和他的思想一样，呈现出多元化、复杂化的相互矛盾的特色。他既坦诚相交，宽以待人，表现出极大的宽容；同时也具有奸诈、多疑、嗜杀的一面。为了巩固自己的权力，曹操不断地铲除异己，为了树立自己的权威，曹操一生杀了很多人。但也正是他的坦诚与奸诈互用，才成就了霸业。

曹操能从一个社会地位不高的宦官后代步步高升，做到司空、丞相、魏公、魏王，把献帝变成自己手中的傀儡，把半个中国置于自己的统治之下，在多数情况下是运用了权诈的手段。坦诚与权诈，在曹操这里形成了对立的统一，成了曹操获得成功的两种互为补充的手段。同时也可以说，作为一个政治家，在时代动乱、群雄争锋的特定历史环境中，这种矛盾性格是社会环境的产物，也是霸业成功的需要。

第四节　白脸曹操

一个君子靠自己的忠君报国奋斗到高位，协助皇帝治理天下并不难：诸葛亮、文天祥均是这样的君子；一个小人凭自己的祸国殃民爬上一人之下、万人之上的权力宝座也不难：严嵩、魏忠贤、秦桧都是如此。但既是君子又是小人，最终还成为帝王将相，恐怕历史上除了曹操，不会有第二人。

公元196年，曹操已基本巩固了自己的根据地，实力虽不能和袁绍相比，但在中原一带也足以和任何对手抗衡。这时，献帝被李傕、郭汜追得无处藏身，曹操听从谋士的建议，西迎献帝于洛阳，因洛阳残破不堪，曹操又移驾于许都。从此，曹操便成了朝廷重臣，献帝先封曹操领司隶校尉假节钺录尚书事，又封为司空，最后任命为丞相。

曹操知道自己既无袁绍那样的显赫家世，又无门生故吏遍及天下，为巩固自己在朝中的地位，曹操便采取专制朝政的手段，他虽未像董卓那样威逼皇帝，但朝中许多事都要先经他允许，才能上奏献帝。他征讨任何一个诸侯都不报经献帝批准，而是一边上表，一边出征，朝中大臣对他都敢怒而不敢言。他把持朝政，随意安排朝廷活动，与他同朝为官的文武大臣，根本无法参与决策。皇帝想发表不同意见，也往往在他的威逼下被迫同意他的决定。

曹操的专权行为显然不符合君对臣的要求，但在权力失衡的当时，曹操靠这一并不被史学家认可的手段，巩固了自己的地位，避免了朝中因争权夺利发生的动乱。没有曹操的专制朝政，汉朝可能早就亡在一个个野心勃勃的诸侯手中。

曹操在《让县自明本志令》中就洋洋自得地写道："设使国家无有孤，不知当几人称帝，几人称王。"严格地讲，曹操在这里并未夸大其词。曹操在"坐领三台"之前，先有董卓之乱，群雄并起而讨之；继有李傕、郭汜之争，各路诸侯互相残杀；再有董承、杨奉护驾东行，献帝颠沛流离，无家可归。献帝虽在，却显得群龙无首，天下一片混乱，人人都想称王称霸，吕布所谓"汉家城池，诸人有分，偏尔合得？"足以说明汉末皇权旁落的现状。

然而，专权所带来的便是曹操随意赏罚，滥杀无辜。

移驾许都后，曹操已完全控制了献帝。为培植亲信，清除异己，曹操自行封赏，并在朝中大量安插忠于自己的人。

《三国演义》说：

> 赏功罚罪，并听曹操处置。操自封为大将军、武平侯，以荀彧为侍中、尚书令，荀攸为军师，郭嘉为司马祭酒，刘晔为司空仓曹掾，毛玠、任峻为典农中郎将，催督钱粮，程昱为东平相，范成、董昭为洛阳令，满宠为许都令，夏侯惇、夏侯渊、曹仁、曹洪皆为将军，吕虔、李典、乐进、于禁、徐晃皆为校尉，许褚、典韦皆为都尉；其余将士，各各封官。

封谁干什么，赏谁什么职务，都是曹操说了算。曹操不仅把持封赏之权，任意封赏自己的心腹，而且紧紧抓住生杀予夺的大权，随意惩罚那些不合作的朝中大臣和他认为不利于自己发展的人。

操曰：

"予所虑者，太尉杨彪系袁术亲戚，倘与二袁为内应，为害不浅。当即除之。"乃密使人诬告彪交通袁术，遂收彪下狱，命满宠按治之……操不得已，乃免彪官，放归田里。议郎赵彦愤操专横，上疏劾操不奉帝旨、擅收大臣之罪。操大怒，即收赵彦杀之。

杨彪并未对曹操构成实际威胁，也未树起反对曹操的大旗。曹操仅凭他和袁术有亲戚关系就妄加揣度他有异心，认为他是自己进一步发展的障碍。以至于议郎赵彦激于义愤上书弹劾曹操，这是完全可以理解的，也是应该的。曹操不仅不思悔改，反而利用自己的地位把赵彦杀害了。

俗话讲国有国法，家有家规，大臣的赏罚自然应由皇帝来决定。自行赏罚之事，显然不是大臣应该干的。难怪周瑜骂他"名为汉相，实为汉贼"，很大程度上是谴责他越俎代庖的行为。自古有"不在其位，不谋其政，各司其职，各负其责"之说。曹操干涉皇帝处理政务，抛开皇帝独断专行，不管从哪个角度解释，都是与他的身份和职位很不相符的。

公元218年，耿纪、韦晃、吉邈等人在许昌发动叛乱，曹操派夏侯惇入城镇压了这起未遂的政变。曹操除对主谋进行满门抄斩外，还将百官都押到邺郡，利用欺骗的手段，诱杀大批无辜的官员。

《三国演义》这样描述当时的情况：

曹操于教场立红旗于左、白旗于右，下令曰："耿纪、韦晃等造反，放火焚许都，汝等亦有出救火者，亦有闭门不出者。如曾救火者，可立于红旗下；如不曾救火者，可立于白旗下。"

众官自思救火者必无罪，于是多奔红旗之下。三停内只有一停立于白旗下。操教尽拿立于红旗下者。众官各言无罪。

操曰："汝当时之心，非是救火，实欲助贼耳。"尽命牵出漳河边斩之，死者三百余员。

救火者可能有些像曹操说的那样，救火是假，参与叛乱是真，但三百多名官员绝大多数或许还是保持中立的。曹操仅凭自己的主观判断，即把站在红旗下的人都说成是叛乱分子，不假思索地将所有人杀害，充分暴露了曹操滥施淫威、残杀无辜的恶劣行径。

因此，当曹操与吕布激战的时候，汉献帝刘协却在深宫密谋着一件大事……

汉献帝看了曹操荐举大臣的奏章，像往常一样，随手写了"准奏"二字，不由得哀叹一声，对伏皇后说："朕自即位以来，奸雄数起，我这个皇帝，一直只是个傀儡罢了。日后曹操若得天下，早晚必有异谋，你我夫妇还不知葬身何处呢？"

伏皇后听完，泪如雨下，哭着说道："满朝大臣，都受着朝廷的俸禄，难道就没有一个能够解救困难吗？"

"有是有一个，董国舅怎么样？"

伏皇后一听，觉得董太后的侄子、董贵妃的哥哥董承，确实是个可以信赖的人。汉献帝便说道："皇后既觉得董国舅可以托付，应趁曹操回许都以前，有所安排。"

献帝即咬破手指，用血写成一封密诏，叫伏皇后密缝在一条玉带的紫锦衬内，然后召董承入宫，将玉带赐给了他。董承知道这其中有些异常，回家后仔细察看，发现了藏在紫锦衬内的血诏，一看竟是献帝要他联络忠义之士，剪除曹操！董承不禁一惊，但随即想到，自迁都以来，自己受尽了冷遇，也只有灭掉曹操，自己才能有出头之日，于是便连夜谋划起来。第二天，董承暗地去找侍郎王子服、长水校尉种辑。两人都是他的至交，也对曹操不满，读了血诏之后，即起誓立盟，决心效忠献帝。但再一想，又感到手无重兵，很难付诸行动。

一天夜里，董承带着玉带诏来见刘备。因为刘备是中山靖王之后，按宗谱上的辈分，还是当今的皇叔，董承觉得刘备正是理想中的人选。刘备请董承到内室坐定说："国舅深夜来此，定有要事。"董承便将玉带诏一事相告刘备，刘备说既然是奉诏讨曹，一定效劳。从此，刘备便暗中活动，准备选择时机，杀害曹操。

建安五年（公元200年）春，董承联络王子服等人，准备约定刘备内外夹攻，一举消灭曹操。他见曹操骄横愈甚，感愤成疾，召吉平为其治病，便欲设计谋害曹操。不料，董承的计谋泄露了。

原来，有一日董承因其家奴庆童偷情而欲重罚，不料庆童怀恨在心，当夜将铁锁扭断，跳墙而出，逃至曹操府中，告有机密事，操唤入密室问之。

庆童云："王子服、吴子兰、种辑、吴硕、马腾五人在家主府中商议机密，必然是谋丞相。家主将出白绢一段，不知写着甚的。近日吉平咬指为誓，我也曾见。"曹操藏匿庆童于府中，董承只道逃往他方去了，也不追寻。

次日，曹操诈患头风，召吉平用药。平自思曰："此贼合休！"暗藏毒药入府。操卧于床上，令平上药。平曰："此病可一服即愈。"教取药罐，当面煎之。药已半干，平已暗下毒药，亲自送上。操知有毒，故意迟延不服。平曰："乘热服之，少汗即愈。"操起曰："汝既读儒书，必知礼义：君有疾饮药，臣先尝之；父有疾饮药，子先尝之。汝为我心腹之人，何不先尝而后进？"平曰："药以治病，何用人尝？"平知事已泄，纵步向前，扯住操耳灌之。操推药泼地，砖皆迸裂。

操未及言，左右已将吉平执下，并至后花园进行拷问。曹操凭真情实据，人证物证，立即将董承、王子服、种辑等人及其全家老小都捉来，押送各门处斩，死者共七百余人。

杀了董承，曹操仍怒气未消，又带剑来到宫中。他见了献帝，厉声问道："董贼谋反，陛下知不知道？"

献帝说："董卓不是已经死了吗？"

曹操厉声道："不是董卓，是董承！"

献帝被这句话吓得哑口无言，他知道自己谋害曹操的事泄露了。

曹操命将董承的妹妹董贵妃捉来，献帝求情说："董妃已有五个月身孕，望将军宽恕。"曹操凶狠地说："想留此逆种，为母报仇吗？"说着，命将士把董贵妃推出去斩了。

《后汉书·献帝伏皇后纪》记载：

> 董承女为贵人，操诛承而求贵人杀之。帝以贵人有妊，累为请不能得。后（伏后）自是怀惧。乃与父完书言曹操残逼之状，令密图之，完不敢发。

曹操杀伏后，也像杀孔融一样，为其加上了罪名。

《后汉书·献帝伏皇后纪》记载：

> 皇后寿，得由卑贱，登显尊极，自处椒房，二纪于兹。既无任、姒徽音之美，又乏谨身养己之福；而阴怀妒害，包藏祸心，弗可以承天命、奉祖宗……呜呼哀哉，自寿取之！

曹操奸诈、阴狠，在年少时就有所表现，在他事业有成，且具相当的基础和规模时，这一点表现得就更为突出了。为了树立权威，曹操不断地消除异己。这些人中，有的是政治上的反对派，有的是反叛他的人，有的是对他可能构成某种威胁或造成不好影响的人，甚至他连手下的重要谋士荀彧也不放过。这充分显示出了曹操酷虐、权诈、疑忌的个性心理和损人利己的一贯作风，以及"宁我负人，毋人负我"的极端利己主义的处世哲学和思维品性。

荀彧，字文若，颍川颍阴（今河南省许昌市）人。他跟随曹操之后，在曹操几十年的征战中，为曹操出谋划策，使曹操屡次转危为安，转败为胜，取得一次次胜利。曹操对此也是念念不忘。于是，建安八年（公元203年），曹操列举了荀彧前后建立的功劳，向皇帝上了《请爵荀彧表》，表封荀彧为万岁亭侯。其文也是一篇美文：

> 臣闻虑为功首，谋为赏本，野绩不越庙堂，战多不逾国勋，是故曲阜之锡，不后营丘，萧何之土，先于平阳。珍策重计，古今所尚。侍中守尚书令彧，积德累行，少长无悔，遭世纷扰，怀忠念治。
>
> 臣自始举义兵，周游征伐，与彧戮力同心，左右王略，发言援策，无施不效。彧之功业，臣由以济，用披浮云，显光日月。陛下幸许，彧左右机近，忠恪祗顺，如履薄冰，研精极锐，以抚庶事，天下之定，彧之功也。宜享高爵，以彰无勋。

意思是说：我听说定策的功劳最大，出谋的奖赏最重。野战的功绩不能超过在朝廷上的策划，多次胜利不能超过建国的功劳，所以周武王把曲阜封给周公，不低于把营丘封给姜尚，汉高祖赏给萧何的土地，超过了平阳侯曹参。珍贵的计策是古今都尊崇的。侍中守尚书令荀彧，积蓄德行，从少到长都没什么过错。碰到乱世，怀抱忠诚，想念太平。

我从起兵开始，四处奔走征战，与荀彧同心合力，帮助朝廷谋划，提出的建议施行起来没有不成功的。由于荀彧的功业，我才获得成功，因此扫除了浮云，使太阳和月亮更显光明。皇上到了许昌，荀彧在身边机要处所，忠诚敬顺，像踩在薄冰上那样小心，在处理众多政务上，研究得极其精当深刻。天下得到平定，是荀彧的功劳，他理当享受很高的爵位，用来表彰他的最大的功勋。

可见曹操对荀彧是颇为赞赏和重视的，把他视为难得的人才。

荀彧是曹操最器重的谋士，董卓乱京以后，他一度投靠袁绍，后看到袁绍难成大器，便毅然投奔曹操。曹操一见荀彧，高兴地对别人说："这就是我的张子房啊！"

张子房，即张良，是汉高祖刘邦最得力的谋士。曹操也确实像刘邦对待张良那样信任荀彧。在保卫兖州、消灭吕布、官渡决战等重要战役中，荀彧运筹帷幄，屡建奇功，协助曹操转危为安，反败为胜，以至统一了整个北方。曹操简直像尊敬师长一样尊敬他，事无大小，总要先征求他的意见，还几次上表，表彰他的赫赫功绩，几次给他加官进爵。荀彧为人坚持大义，行为端正，又有智谋，喜爱推荐贤能，兢兢业业地辅佐曹操匡扶汉室。

然而，时过境迁，时位移人，今日之曹操已非昔日之曹操。曹操又生性多疑、诡诈。早年，初出茅庐，大业未举之时，他心胸广阔，谦卑虚心，多年征战下来，便较少需要他人进劝上谏，反需顺言美语了。尽管他多次发布《求言令》《求贤令》，然而，纵观其晚年岁月，不再见到很多谋士上言，很多贤士进谏了。见到的却是众多谋士能臣、故人旧士被他一个个除去。

建安十七年（公元212年）正月，汉献帝下诏特许曹操"赞拜不名，入朝不趋，剑履上殿"。曹操的权力之欲已开始极度膨胀。十月，曹操东征，攻击孙权。临行前，曹操和文武大臣欢宴，众人免不了对他颂扬一番。尚书董昭说道："丞相栉风沐雨，三十余年，扫荡群雄，为民除害，自古以来，人臣拯救国家，从没有建立像你今天这样伟大的功业。以你的功绩，不可能长久屈居臣属地位，你深以为德行赶不上古代，内心感到不安，你愿意保持自己已有的名声节操。然而，你身为大臣，如果让人因为这件事情对你产生怀疑，不可不多加考虑，建议你应晋级'公爵'，加'九锡'，以此表彰你对国家的特殊贡献。"众人纷纷附和称是，曹操听了，心里十分高兴。

什么叫"九锡"？"锡"即"赐"的意思，加"九锡"，就是要皇帝赐给九件特别贵重的东西，这是古代大臣少有的最高荣誉，通常也是旧王朝的丧钟，新王朝的喜讯。

"我看不必。"不想在旁一直不说话的荀彧突然开口了，又一次与众人持议相左，不过这一次的后果与以前截然不同，"丞相本是大义起兵，一心一意辅佐朝廷，安定国家，忠贞诚恳，谦恭退让。君子爱人，应磨砺他的品德，不宜采取这种行动。"曹操听了，皱起眉头，心中很不乐意，但又不便发作，只得表面赞成，把称魏公的事暂时搁起。

这时的曹操已经越来越不能容忍这种异己的行为了，荀彧处处和他作对，时时与他格格不入，逼得曹操不得不忍痛割爱，推辞了皇帝的封赏。

曹操又要出战了，他上书汉献帝，要求荀彧到前线劳军。荀彧到谯县，才赶上大营，曹操留下他，让他以侍中、光禄大夫身份，担任丞相府军事参议官（参丞相军事），荀彧只得随军。曹操大军推进到濡须（今安徽省无为市）时，荀彧称病，要求留下，曹操无奈，只好同意了。荀彧思前想后，忧虑成疾，果真一病不起。

当荀彧阻碍了他的步伐，他就痛下决心给荀彧送了空的饮食盒。

一天傍晚，荀彧正躺在床上休养，忽传曹操派人来慰问他了。来人带了一盒珍贵食品，说是主公丞相的心意，荀彧有些疑惑，打开食品盒一看：空的！荀彧明白了，这是要他自己绝食。荀彧悲愤难言，在极度忧郁病苦之中服毒自尽了，死时才55岁。曹操得到荀彧自杀的消息，叹了一口气，感到有些懊悔，便下令厚葬荀彧，又追封他为"敬侯"。

荀彧一心忠于汉朝，依附曹操不过是为了光复汉室，既然被曹操称为"子房"，自然明白退身自保之策，认为曹操之处绝非久留之地，谁知曹操抢先一步，逼其服毒自尽。后人称荀彧"老谋深算，子房再世"，其实他虽有奇谋，但是难及张良，未能做到全身而退，因为他的主子是雄心万丈且深不可测的曹操。

第三章

孫武再世

第一节　雄武之姿

曹操从陈留起兵到洛阳去世，奋战三十余年，曾创建并率领过百万大军，参加大小战役近五十次，戎马一生，战功显赫。他既严于治军又善于用将，是中国历史上极有造诣的军事统帅和军事理论家。

在获取军心方面，曹操有他的独到之处。曹操行军打仗不仅身先士卒，以身作则，而且他更看重的是一个情字。曹操深谙"得人心者得天下"的道理。不得民心者必失天下，不得军心者便无法得天下，两者互为关联，互为影响，相辅相成，缺一不可。

如果曹操只会搞阴谋诡计，不会使用人才，那么，他要夺取天下是不可能的。曹操素以爱才而闻名，许多能人志士也正是因此才投靠到他的门下。

为揽得将士之心，他公正不分亲疏，赏罚分明，史载：

> 攻城拔邑，得美丽之物，则悉以赐有功，勋劳宜赏，不吝千金，无功望施，分毫不与，四方献御，与群下共之。

曹操在遇有重大决策时，非常注重人心向背，赏罚之间，更看重一个情字。也正因为这样，他手下的将领才对他深信不疑，心甘情愿地为他效命。从曹操起兵之初就可以看出他很讲情义的性格特点。

汉献帝兴平二年（公元195年），献帝正式任命曹操为兖州牧。这时的曹操还没有自己的地盘，因此他只能委身于张邈的旗下，作英雄屈身之举。

　　张邈，字孟卓，东平寿张人，年轻时行侠仗义，赈济贫困，天下有识之士多归于张邈。曹操、袁绍都和张邈情投意合。可是到了后来董卓作乱，曹操与张邈起兵，经汴水之战，张邈命卫兹率兵随曹。此时的袁绍已为盟主，为人骄傲，目中无人，张邈公开责备袁绍。袁绍命曹操杀张邈，可是曹操并没有听从袁绍的命令，他想到的是当初自己起兵之时，如果没有张邈等人的接济与帮助，自己怎能有现在的荣华富贵。

　　曹操不听，他对袁绍说："孟卓，亲友也，理当容之，今天下未定，不宜自相残杀。"后来，张邈知道此事，感恩戴德，想要报答曹操。曹操在征讨陶谦时，曹操对家人说："我与邈患难至交，我若不还，往依孟卓。"回来后，终与张邈相见，两人相对哭泣，十分亲近。

　　人们常说斩草除根，排除后患。可事实上并非如此，如果一个人深谙"刀下留人"的道理，恐怕它的效力要强于前者百倍。曹操对张邈的做法就是有力的证明。

　　曹操不仅对同僚讲情讲义，即使对那些反叛过自己的人也是言出必信。

　　汉献帝建安三年（公元198年），吕布派高顺攻打刘备于沛，刘备大败。曹操遣夏侯惇救刘备，也被高顺打败，曹操亲自率兵征讨吕布。兵临城下，给吕布去信，吕布想投降，陈宫因自己得罪过曹操，所以不同意吕布去降。吕布领千余骑兵出战，诸将都有二心，所以每战都不顺利。曹操攻城很急，吕布上下离心，其部将把陈宫绑起来，归顺了曹操，不久吕布被捉住。

　　曹操采纳了刘备的意见，缢杀吕布，陈宫、高顺等人也被斩首。

　　曹操缢杀吕布等人后，将其首级送到许都示众，然后将其埋葬。但是他并没有忘记陈宫临终前的遗言，他特地将其老母接来奉养，直到去世。其女儿长大成人后，曹操也恪守诺言为其操办了出嫁事宜。

人无信而不立，己能守信，人始信之；如其无信，人必不信。作为一国之主，一军之帅，都必须以坚守信用为根本。孔明之所以能"受六尺之孤，摄一国之政，事凡庸之君，专权而不失礼"，行君事而国人不疑，关键就在于他始终坚持以"信守"为基本准则。曹操虽以奸诈闻名于世，但他同样又有着重情守信的一面。

要想干成大事，建立大业，仅仅重情守信是不够的，做事还必须奖惩分明。曹操不仅对那些作战有功的人重奖重赏，对那些为自己舍生忘死者更是尊重有加，比如厚葬用生命保护自己的典韦。

纵观曹操四十余年戎马生涯，他手下的大多数著名将领，几乎没有谁会在危急时刻反叛于他。这种对主忠诚的思想，除了平日里曹操一视同仁、赏罚分明外，更离不开曹操收揽人心、讲情讲义的一面。

只靠讲情义，而不身先士卒，就不能服众，就会影响将士在战场上的积极性，曹操很明白这个道理。作为军队主帅，如果自己都不积极应战，勇敢杀敌，怎么能激励起众将士的斗志呢？所以，在许多战役中，曹操身先士卒，英勇无畏，正因为如此，他才赢得了将士们的心。

曹操与马超在渭水决战中，把军队分成三队，成掎角之势，冒险渡河。为了稳定军心，他亲自指挥殿后，以确保渡河成功。

对于曹军的一举一动，马超方面早有细作报知。

马超说："今操不攻潼关，而使人准备船筏，欲渡河北，必将遏吾之后也。当引一军循河拒住岸北。操兵不得渡，不消二十日，河东粮尽，操兵必乱，却循河南而击之，操可擒矣。"

这时，在他身边的韩遂说道："不必如此。岂不闻兵法有云：'兵半渡可击'。待操兵至一半，汝却于南岸击之，操兵皆死于河内矣。"

马超听完此建议后，认为所言极是，笑道："叔父之言甚善。"随后立即派人探听曹操几时渡河。

这时曹操已经准备好了，兵分三路，前渡渭河。人马来到河口时，日光初起，曹操发精兵渡过北岸，开创营寨。曹操自引亲随护卫军将百人，按剑坐于南岸，监视军队渡河，忽然有人来报："后边白袍将军到了！"大家都认得是马超，一拥下船。河边军士争相上船，真是人声鼎沸。曹操端坐着不动，只听得人喊马嘶，蜂拥而来，船上有一将领跃身上岸，大声叫着说："贼至矣！请丞相下船！"操视之，乃许褚也。曹操口内犹言："贼至何妨？"回头视之，马超已离不得百余步。

当许褚拖操下船时，船已离岸堤一丈有余，许褚负操一跃上船。随行将士尽皆下水，扳住船边，争欲上船逃命。船小将翻，许褚掣刀乱砍，傍船手尽折，倒于水中，急将船望下水棹去。许褚立于艄上，忙用木篙撑之。曹操伏在许褚脚边。马超赶到河岸，见船已流在半河，遂拈弓搭箭，喝令骁将绕河射之，矢如雨急。许褚恐伤曹操，以左手举马鞍遮之。马超箭不虚发，船上驾舟之人，应弦落水，船中数十人皆被射倒。其船反撑不定，于急水中旋转。许褚独奋神威，将两腿夹舵摇撼，一手使篙撑船，一手举鞍遮护曹操。

此时，渭南县令丁斐，在南山之上，见马超追操甚急，恐伤操命，遂将寨内牛只马匹，尽驱于外，漫山遍野，皆是牛马。西凉兵见之，都回身争取牛马，无心追赶，曹操因此得脱。方到北岸，便把船筏凿沉。诸将听得曹操在河中逃难，急来救时，曹操已登岸。许褚身披重铠，箭皆嵌在甲上。众将保曹操至野寨中，皆拜于地而问安。曹操大笑曰："我今日几为小贼所困！"许褚曰："若非有人纵马放牛以诱贼，贼必努力渡河矣。"曹操问曰："诱贼者谁也？"有知者答曰：

"渭南县令丁斐也。"少顷，斐入见。曹操谢曰："若非公之良谋，则吾被贼所擒矣。"遂命为典军校尉。

这次与马超的渭水决战，曹操几次亲自冒险杀敌，万幸的是都有惊无险。就以此战为例，曹操为了稳定渡河军队，各军成掎角之势，并且亲自断后督军，最后引得马超来，要不是许褚和丁斐救了他，可能他早已命丧黄泉了。

作为几十万军队的统帅，曹操完全有理由不冒这个断后的风险。但是他却义不容辞地做了，这难道仅仅为了稳定军心，完成渡河任务吗？答案可想而知，曹操作为一军之主，不仅要指挥有方，还必须以身作则，身先士卒，凡事从大局着想，因此，他在战斗中常常把个人生死置之度外，也就不难理解了。

俗话说：有不怕死的将军，才有不怕死的士兵。曹操手下的将士们之所以敢于冲锋陷阵，临危不惧，就是因为他们拥有这样一个舍生忘死的主帅。身为领导者，曹操必须在紧急关头、危难时刻起到表率作用。即使没有胜利的把握，他也要在众将面前表现出一股勇往直前、势不可当的英雄气概，从斗志上来激励部下，使之形成一种合力，大家心往一处想，劲往一处使，齐心协力，才能百战百胜。

同样在这次曹操与马超的渭水之战中，曹操又做出了一次英雄之举：

一日，双方交战。曹将许褚拍马舞刀而出，马超挺枪接战，战了不下一百回合，双方还是不分胜负。双方马匹困乏，各自回到军中，换了马匹，又出阵前，紧接着又是一百余回合，还是难分胜负。这时，许褚性起，飞回阵中，卸了盔甲，浑身筋突，赤体提刀，翻身上马，来与马超决战，两军大骇。两人又斗到三十余回合，许诸臂中两箭，诸将慌退入寨。而曹操料马超可以击破，乃密令徐晃、朱灵尽渡河西结营，前后夹攻。

曹操在城门上看见马超率领骑兵，在大寨前往来如飞。曹操观察了很久，掷盔于地曰："马儿不死，吾无葬地矣！今吾宁死于此地，誓灭马贼！"部将夏侯渊闻听此言，热血上涌，遂引本部十余人，大开寨门，直赶去。操急止不住，恐其有失，慌自上马前来接应。马超见曹兵至，乃将前军作后队，后队作先锋，一字儿摆开。夏侯渊到，马超接住厮杀。马超于乱军中遥见曹操，就撇下夏侯渊，直取曹操。曹操大惊，拨马而走，曹兵大乱。正追之际，忽报曹操有一军，已在河西下了营寨。马超大惊，无心追赶，急收军回寨。

马超乃是西凉一位骁勇善战之将，有万夫不当之勇。因此在许褚中箭后，曹操手下将领各个惧怕，曹操义愤填膺，情急之下，为了激起众将士的斗志，表明自己此战不胜绝不罢休的决心，曹操将自己的头盔摘下，扔在地上，以此激励众将。要知道，在古代战场上，军中主将掷盔投地，乃是一种极端之举。言下之意，如果不将对方拿下，誓不罢休，可见曹操已经对部下的软弱极为愤慨。

曹操掷盔，在他的战斗生涯中尚属首次。这种做法与他一贯的治军作风有关系，正如征张绣时割发代首，这些都是从严明军纪、官兵同等的角度出发。换而言之，在马超面前，众将都在拼着性命应战，即使自己不能亲自出战，也要掷盔投地，以表示同众将共生死的决心。

当然，曹操最厉害的还是其智谋。从起兵反董卓开始，到最后登上魏王的宝座，曹操戎马倥偬一生，历时三十年，指挥战斗五十余次，战绩辉煌。裴松之评论："百战百胜，败者十之二三而已。"他前后经历了无数场生死之战，在战斗中，他充分运用自己的军事才智，以智取胜，以奇制胜。

曹操在用兵方面最突出的是发挥了孙子的"兵无常势，水无常形，临敌变化，不可先传"的思想，反对刻板用兵，因而成就了历史上少有的作战范例。其特点是善于掌握敌情，临机应变，以求克敌制胜，用一句话来表述，也就是"因事设奇、谲敌制胜、变化如神"。西晋史学家陈寿替曹操写传，称他是"非常之人，超世之杰"。唐太宗赞誉他"以雄武之姿，当艰难之运"，都主要是指这一点而言。

第二节　闪击袁术

曹操打袁术是他第一次与兵力很强的军阀作战，结果却是曹操取得了绝对的胜利，这不仅增加了他必胜的信心，鼓舞了军中的士气，更重要的是他通过这次作战大大增强了自己的实力，为日后自己的霸业奠定了一个坚实的基础。

初平三年（公元192年），朝廷"诏以京兆金尚为兖州刺史"。这件事使曹操受到很大的刺激，他哪里容得自己好不容易得到的成果被别人占有，因此即派轻兵在途中迎头痛击金尚。金尚抱头鼠窜，投奔了袁术。

朝廷派人来做兖州牧，促使曹操加紧实现谋划中的两件大事：一是必须得到朝廷的正式策命，进而西迎皇帝，把皇帝控制在自己手里，奉天子以令不臣；二是中原逐鹿，以武力平天下。

这时，各路诸侯均在积极发展自己的势力。袁绍、公孙瓒混战于幽、冀，袁术据南阳做起"皇帝梦"。曹操明白：形势容不得犹豫，只有积极参与到你争我夺的激流中，才能得以生存和发展。

袁绍、袁术虽为兄弟，但矛盾很深。起初，当袁术以孙坚领豫州刺史时，袁绍"遣其将会稽周昕夺坚豫州。术怒，击昕走之"；袁绍欲立刘虞为帝，"术好放纵，惮立长君，托以公义不肯同，积此衅隙遂成。乃各外交党援，以相图谋，术结公孙瓒，而绍连刘表"。

据载，"豪杰多附于绍，术怒曰：'群竖不吾从，而从吾家奴乎！'又与公孙瓒书，云绍非袁氏子，绍闻大怒。"初平三年（公元192年），袁术遣孙坚攻刘表，公孙瓒亦使刘备与袁术共谋攻袁绍；袁绍则与曹操联合，会击袁术。

曹操在力量尚感不强的时候，毫不犹豫地先站在袁绍一边，共战公孙瓒和袁术。这出于一种重大的战略考虑：少树敌，先发展，打掉一个，再谋进取。

初平四年（公元193年）春，曹操军驻鄄城。时袁术遣孙坚攻刘表失利，孙坚战死。"荆州牧刘表断术粮道，术引军入陈留，屯封丘"，这时黑山别部及匈奴于夫罗也归服了袁术，势力颇盛。袁术在南面失利，便想转向北方发展。

陈留郡及其属县封丘均是兖州刺史部的管辖范围，袁术进驻此地就是直接侵犯了曹操的领地，而且从封丘到曹操的大本营鄄城已不甚远。此等态势，当然是不能容忍的。于是，曹操率兵迎击，首战于鄄城与封丘之间的匡亭。

袁术将主力部队驻屯在封城，并联系被曹操击败的黑山党残余部队及匈奴的于夫罗的部队，打算由西方夹击曹操。

部署完成后，袁术派遣部将刘详，率领先锋部队向曹操直属部队的驻屯地鄄城进逼，摆出一副挑战的架势。但刘详对曹操的作战能力颇感恐惧，到达濮水南岸的匡亭，便扎营不敢前进了。

曹操接到情报人员送来的资料，判断袁术军团准备分三方面向鄄城夹击，其目的无非想运用气势，逼迫兖州其余郡县部队不可能帮助他，以达成孤立曹军的目的。

但曹操却是眼明手快，很快就看出袁术布局上的破绽，刘详的先头部队虽摆出诱战姿态，但选择匡亭却犯了严重错误。

匡亭距离袁术主力军的所在地陈留，的确比从鄄城到匡亭约少一天的步兵行程。但曹军只需渡过濮水，就可直接攻击匡亭；而陈留的袁军却需连渡睢水、汴水、南济水、北济河才到得了匡亭。以当时的行军方式，渡河是件非常麻烦的事，如果曹军全力加速行军，绝对能比袁术的主力部队更早到达匡亭。黑山党及于夫罗的部队更远，等他们赶到，大概战争早已结束。

曹操决定发动奇袭。

他派荀彧在鄄城集结兖州军团，让袁术误以为曹军仍在编组以准备进行大规模会战，自己则率领直属部队，迅速渡过濮水，以迅雷不及掩耳之势，突击匡亭的袁军先锋部队。

正在等候进一步指示的刘详，面对突然出现在眼前的曹操，惊慌失措之下，很快便被歼灭了。迅速清理战场后，曹操在匡亭布阵，准备等待袁术本部主力军团的到来，另外荀彧也集结兖州的大多数部队，由曹仁率领赶赴匡亭驰援。

袁术判断曹军的主力是曹仁的部队，根本不相信曹操本人已在匡亭。因此，他带领着本部军团慢慢渡过四条河流，准备和曹军主力一决生死。他认为占领匡亭的只是曹军先头部队而已，由于人数相差悬殊，曹军势必等主力到达后才会发动攻击。

曹操早已看穿袁术的心思，当大部分的袁术部队渡过北济河、尚未摆好阵式时，曹操便迅速发动奇袭。袁军在人数上虽远超过曹军，但在发现自己犯了严重错误时，袁术早已无心恋战，便下令军队往西撤退到乌泽旁的封丘城，重新部署作战防线。想不到人数较少的曹军却毫不放松地继续追击，进而包围封丘城。

完全丧失信心的袁术，根本无法判断曹军到底有多少人，看到曹军紧追不舍，已迫近封丘城时，他又立刻放弃阵地，一口气向东南撤退一百五十余里，渡过南济水、汴水、睢水到达襄邑。谁知大气还没喘过来，疾进如风的曹军又追踪而至，袁术被吓破了胆，连忙跑入附近的太寿城，高挂起免战牌。

由于仓促撤军，又有敌军围追堵截，经过连续两百多里的逃亡之路，大部分的袁军早已半途溃散了。到达太寿城的残余部队三分之一都不到。相反地，追击的曹军，却已与曹仁的兖州军团会合，在人数上反而取得绝对优势。

太寿城城墙坚固，攻击不易，袁术本来以为已暂时安全，不料太寿城傍临睢水，地势较低，时值春末，上游雪水融化，河流暴涨，曹操便派人截断上游的睢水，摆出一副决堤灌城的态势。袁术眼见不妙，乃率领少数亲信渡睢水，逃入地势较高的宁陵城。但曹操仍然紧追不舍，也跟着渡河，并准备全面包抄。袁术只好再度弃城而逃。

这一次，袁术不敢心存侥幸，他不但逃出兖州地界，甚至越过亲附自己的豫州，直入扬州老巢。他被曹军的追击速度吓坏了，飞快地渡过长江，到达九江城，才稳住三魂七魄，保住性命。

由匡亭退到封丘，再逃往襄邑、太寿、宁陵，最后直入九江城，袁术这次大撤退全程六百多里，真是惶惶如丧家之犬。南方关东军团领袖竟被刚成立的曹操军团大败，举世震惊，大家不得不对曹操另眼相看了。

其实，曹操这场仗也打得颇为辛苦，由于人数相差悬殊，曹操大胆地采取心理战术，他先以奇袭取得优势，接下来便是疾如闪电般地进行六百余里的大追击，根本不让袁术有喘息之机。从双方军队的调动来看，曹操并无心歼灭袁术部队，只打算彻底打击袁术军的士气而已。曹军有好几次摆出包围战的态势，其实都未做完全包围，也都保留有让袁术撤退的路线。大致而言，曹操都只做单方向追击，他的目的只是吓唬袁术罢了。

这场战争由冬末打到夏天，曹军凯旋，还军定陶。

曹操战袁术，起初是被迫迎战，后来是主动出击，是历史上以少胜多的典范之战。在这次战役中，曹操再次展示了自己的军事才能。先是长驱近百公里，围歼袁术军先头部队于匡亭，继而围袁术本部于封丘，追敌途中"决渠水灌城"，迫敌不能立足，然后一通穷追猛打。俗话说兵败如山倒，曹操在军事行动中形成不可阻挡的态势，袁术兵不能敌，不得不远遁而去。

曹操行军打仗有句至理名言，即：兵无常形，以诡诈为道。事实也的确如此，纵观曹操多年戎马生涯，要不是多次运用这些"诡诈之道"，他又怎么能成就自己的霸业呢？

第三节　南征张绣

建安元年（公元196年），曹操听取毛玠"奉天子以令不臣，修耕植以蓄军资"的建议，将献帝接往自己的根据地许昌，定为许都，并一直屯田保证粮草，因此他不仅在政治上拥有了明显优势，力量也越来越大。

建安二年（公元197年），曹操看到军粮问题已有了指望，便开始向南阳用兵，讨伐张绣。当时中原的大体形势是：袁绍督领北方冀、青、幽、并四州；韩遂、马腾在凉、幽一带；袁术据有扬州；刘表据荆州，归降他的张绣在南阳；刘备、吕布据徐州；孙策已渡过长江到了江东；曹操集团大致居中，拥有兖州。为什么先要讨伐张绣呢？因为他离许都最近，威胁最大，他与荆州刘表结成联军，扬言要打进许都，劫走献帝。

元月，曹操亲率8万大军征讨已经四分五裂的豫州。这次征讨豫州的阵容空前庞大，曹操只留荀彧及程昱镇守许都。而曹仁、曹洪、李典、于禁、乐进等将则兵分五路，共赴豫州。夏侯惇率先锋部队在前，曹操大军紧随其后，大军浩浩荡荡向济水旁逼近。

面对曹操大军的汹汹来势，豫州郡县军团立刻不战而降。贾诩见刘表按兵不动，他知道此时如果身处豫州的张绣进行抵抗，必然会遭到重创，因此，他建议张绣与曹操合作。

张绣欣然同意。曹操和他是一见如故，立刻接受了他们的投降，并进入宛城和张绣等人进行和谈。

不费一兵一卒就拿下了豫州，"不战而屈人之兵"，使得曹操得意忘形，又开始犯自己的老毛病——好酒色。

张济的遗孀邹氏，天生丽质，且不甘寂寞，是这宛城内有名的交际花，这个消息马上传到了好色的曹操耳中。

这个女人是张绣的婶母，有名的美人，虽说已经过了青春貌美的花样年华，可她那种成熟女人的独特韵味仍让人垂涎三尺，曹操更是喜爱有加。

对于曹操的好色行为，曹军将领们早已习以为常，见怪不怪。但张绣无法容忍曹操的胡作非为，他与贾诩商议，准备反叛曹操，以解心头之恨。

二人经过商议，张绣谎称新降的军中有人肆意闹事，时常有人逃亡，建议重新编整。曹操信而不疑，派侍卫长典韦协助张绣去办理此事。

根本就是无中生有的事，所以事情很快就得到了平息。当天晚上，张绣特别设宴款待典韦，故意把典韦灌得酩酊大醉。此时，曹操阵营内也是一派欢天喜地的景象，曹操和邹氏在本阵营帐中也是饮酒欢宴，寻欢作乐。

时至二更，营帐外喊声四起，不久四下火起。曹操立刻断定是张绣叛变于他，曹操高呼侍卫长典韦。此时，典韦已经从醉梦中惊醒，他来不及换盔甲，便急着指挥备马，让曹操和邹氏先行避难。

情急中，曹操向各营区发出急报，要他们各自向东撤退八十里到舞阴城集结。曹操的长子曹昂及侄儿曹安民护送曹操离营。大将典韦赤身挥动着他那对八十斤重的双戟，带领着十几名壮士挡住大门，奋力阻止张绣军队的进攻。但是，毕竟寡不敌众，典韦的几个手下已经全部战死。典韦本人也因没穿甲胄，身上多处受伤，最后连手举双戟的力气都没有了，他只好以短剑应战。在与敌拼杀中，刀刃砍卷了，典韦最后弃刀与敌人展开了肉搏战。

典韦最终因失血过多，动作较缓时，被人从后面用长矛刺中，倒地身亡。张绣军皆畏惧典韦，直到他吐出最后一口气，他们才敢上前砍下了典韦的人头。

曹操在逃出宛城时，因坐骑中箭，不能前行。儿子曹昂立即将自己的坐骑让给父亲，并与曹安民在渭水河畔组成敢死队，誓死保卫曹操撤离。由于张绣人多势众，曹昂及曹安民即使拼死抵挡，也无济于事。最终，由他们带领的敢死队一行人马全部阵亡。不过，他们的奋力抵抗为曹操的逃离赢得了时间，曹操带领着他的一支小分队安全抵达了舞阴城。

曹操痛惜儿子及侄儿的战死，他更悔恨自己的一时糊涂。当他得知典韦战死的消息时，更是泣不成声，痛哭不已。当他得知典韦舍生忘死地与敌作战的事迹后，更是为其命丧黄泉而感到追悔莫及。

为了悼念最忠于自己的人，同时也是为了激励部属，曹操派人与张绣一方进行交涉，要回了典韦的尸体，并举行隆重的安葬仪式，以安抚死者的灵魂。

曹军兵败时，一片混乱。曹操的左手臂和坐骑都被箭射伤，撤退的士兵乱糟糟的。只有大将于禁带领的几百人，边战边退，虽有伤亡，但队伍一直不乱。路上，于禁见十几个难民赤裸着身体，身上还有伤痕，便上前询问。难民说，他们遭到好多青州兵抢劫，被剥去衣服，还挨了打。于禁一听，十分恼火。

"青州兵也是曹公的军队，怎么做起强盗来了呢？"他严厉地责问青州兵，又抓了几个为首的杀了示众。于禁带领本部军队守在路边，对劫掠乡民的青州兵进行了剿杀，还设法安抚了乡民。逃跑的青州兵在半道上遇到了曹操，急忙泣拜于地，来个恶人先告状，说于禁要造反，赶杀青州军马。曹操自以为刚刚逃过张绣追击，又要面对于禁造反，很有可能腹背受敌，心下大惊。

很快地，夏侯惇、许褚、李典、乐进都到了。曹操跟他们说于禁要是真的造反了，就可以发兵讨伐。

而于禁呢？他看见曹操等人到了，就率领部队射住阵角，凿堑安营。荀彧知道于禁打击青州兵胡作非为的事，很为他担心，就跟他说："青州军说将军你要造反，现在丞相已经到了，你怎么不分辩，就先立营寨？不怕丞相怀疑你真的造反吗？"于禁说："现在张绣的追兵还在后面，不知道什么时候就到了，如果不先准备，到时候怎么抗拒敌人？分辩清白是小事，退敌是大事。"

果然不出于禁所料，安营的工作刚一结束，张绣的部队就分两路杀来了。于禁率先出寨迎战，张绣急忙退兵。左右诸将，见于禁冲在前面，也不甘示弱，各自引兵出击，张绣军大败，被追杀了百余里，无路可走，只好去投刘表。

第四节　杀吕布

"马中赤兔，人中吕布"，人们都知道，吕布是东汉末年一位出类拔萃的人物。吕布是五原郡九原（今内蒙古包头西北）人，字奉先，善弓马，当时号为"飞将"，最初在并州刺史丁原部下为将，后杀丁原归附董卓，又与王允合谋杀董卓。之后任奋威将军，封温侯，割据徐州。当时的吕布真可谓是威风凛凛、不可一世。

但在曹操眼里，吕布乃"骄横自大、轻功冒进"之徒，且"有勇无谋，不足虑也"。这和孙子"必死，可杀也"（只知与敌人死拼，并不可取），以及吴起"夫勇者必轻合，轻合而不知利，未可也"的论断一致。

曹操在东征时，为了预防北方的冀、青两州军队伺机行动，特别交给陈宫一支部队，屯驻在黄河北岸的东部地区。但陈宫却串通张邈谋反曹操，以这支部队迎接吕布出任兖州牧，张邈就在陈留响应。兖州郡县守几乎大都倒向张邈、陈宫，最后只剩下荀彧防守的鄄城，夏侯惇驻屯的濮阳，靳允镇守的范城，及枣祉镇守的东河，还在曹军的旗帜下。

陈宫当时的计划是：先消灭这四股力量，再全力对付由徐州战场匆忙返回的曹操东征军团。但他的计划没有成功。鄄城、东河、范城三郡防守的成功，使得曹操有了反败为胜的基础，这次行动，程昱的功劳最大，曹操非常感激，向朝廷表荐他为东平相。

濮阳城虽然失陷，但夏侯惇在获救后，仍然率领主力部队撤于城外的原野上，与吕布军纠缠不休，间接地也使郎城等三郡的压力减轻不少，让远征中的曹操主力军能及时赶回，进行部署。

曹操最担心的便是吕布由仓亭津南下，拥有范城、东阿，便可控制东平国，封锁住亢父险道。如此一来，不但可以孤立郾城，更可以凭地险阻止曹操东征师团的回防。程昱正是看出这个危机，所以竭尽全力地阻挡吕布的攻势。

因此，当曹操听到吕布和夏侯惇大战于濮阳时，不禁松了口气，他表示：吕布和陈宫虽然可以策动兖州在一夜之间反叛，但到底他的军队仍只能攻到濮阳而已，显然陈宫的突击计划和实际的军事行动未能很好地结合。吕布及陈宫阵营的弱点，已经很清楚地暴露了，只要能夺回濮阳，再获得兖州各县的拥护，并非难事。因此，这次反击战争的关键，便是在濮阳攻防战。

曹操回到兖州后，立刻准备反攻濮阳，他察知吕布有别动队屯在城西四五十里处，便决心先剿灭这股力量，以打击吕布阵营的士气。

曹操一向富于行动力，在和敌军主力会战前，他先用奇袭战消灭敌军的前锋及别动部队，这是他经常采用的策略。"匡亭之战"时，他便迅速消灭了袁术的前锋刘详，在声势上取得压倒性的优势。日后的"官渡之战"，他也先行攻破袁绍的别动部队颜良及文丑军团，沉重打击了袁绍军队。因此，曹操在这次濮阳之战中，一到达战场，立刻发动夜袭，消灭了吕布驻屯城外、互为掎角的别动队。

虽然这次替吕布运筹帷幄的是曹操的好友张邈及谋臣陈宫，他们对曹操的习性相当了解，一接到曹操的部队到达的消息，便派细作密切注意。但谁也没有料到曹操的动作，会快到刚进入战场的第一天便发动奇袭，所以别动部队还是被曹操消灭了。

陈宫接到曹操奇袭别动部队的密报，因行动如此快速，便判断曹操本人必在奇袭军中；而且为了保密及机动性，奇袭的部队通常人数不多，因此陈宫要求吕布亲率主力战斗部队，分三路包抄曹操，阻止奇袭部队和主力军会合，并乘机消灭掉，如果曹操真的在奇袭队中，这场战争便赢定了。

曹操的奇袭部队在黎明时，由中路凯旋归来，遭到跟踪而来的吕布军来自三方面的包围。曹操认为己方兵力太少，乃下令在险隘之地部署防守阵式。吕布确认曹操在奇袭队中，便亲自指挥攻击战，从早上一直到中午，连续二十回的突击，都无法攻入曹军防线，双方死伤惨重。

曹操的防守虽然相当成功，但兵员太少，如果死伤人数继续增加，难免会被歼灭，因此曹操决定突围而出。

他要公开募集敢死队在前开道，负责打开突围的道路。典韦自告奋勇，率领敢死队队员数百名，每人身穿两副铠甲，只带长矛不带盾牌，全力往前冲锋，吕布阵营将弓箭队排在前面，企图以箭雨抵挡曹军的突围，一时箭如雨下，但典韦下令全军潜伏，暂时不动。吕军见曹军停下来，也立刻让弓箭队在前，步兵在后，逐渐逼近。

典韦置之不理，并谓左右侍卫说："敌军冲到我军十步时再告诉我。"

左右说："十步了。"

典韦又说："五步时再告诉我。"

当左右高喊五步时，典韦两眼圆睁，一鼓作气，双手持戟，大叫开战。吕布军见他来势凶猛，士气大挫，挡在路上的几乎全中戟倒地，因此包围圈露出了一个大缺口。这时天色已黑，视线不佳，曹操跟在典韦军后面，趁机脱身。

曹操返回本营后，也不休息，立刻带兵再攻濮阳，濮阳城内的大姓田氏打开东门让曹军进城。但吕布军在城内布阵，准备和曹操进行巷战。为了提高士气，曹操打算实施"置之死地而后生"的策略，他下令放火烧东门，表示不退兵的决心。

陈宫早看出曹操兵力有限，故意虚张声势，乃建议吕布全力攻击曹军左翼的青州军。由于青州军训练不够，又不长于街巷的肉搏战，很快往后退却，使得曹军阵脚大乱，曹操眼看全军濒临崩溃，于是就下令撤退。

混乱中，吕布的部将捉到曹操，由于曹操身穿一身将领服装，烟火弥漫中，视线不清，吕布的部将反问曹操说："告诉我，曹操在哪里，饶你一命。"

曹操随机应变，指着前面说："在前面骑着黄马的便是曹操！"

吕布的部将立刻抛下曹操，去追骑黄马的将领。

曹操幸运脱险，立刻掉头往燃烧中的东门突围而出，他的左掌被严重灼伤，无法抓马缰，几乎掉下马来，幸亏侍从官楼异赶上扶住他，才得以顺利逃出。

曹操逃回到本营后仍不休息，他立刻亲自劳军，慰问败退回来的军士。他下令制造攻城武器，然后再度领军攻至濮阳城下，摆出一副准备攻城的态势。

曹操这步棋，可把吕布给看傻了，明明连续两次几乎击溃曹军，结果被打败的却好像是自己。曹军几乎完全掌握主动，陈宫也无法评估曹操的真实战力，因而主张坚守城池，不敢再与曹军正面会战。

曹操在此战中手臂须发，尽被烧伤。但他不慌不忙，神情泰然，对身边的谋士郭嘉说："今只将计就计，诈言我被火伤，已经身死。布必引兵来攻，我伏兵于马陵山中，候其兵半渡而击之，布可擒矣！"

郭嘉听后连连赞赏，称为"良策"。于是命令军士挂孝发丧，到处声言曹操已死。当吕布得知曹操被火烧伤肢体、到寨身死的消息后，果然点起军马，杀奔马陵山来。却未想到，在接近曹操营寨时，一声鼓响，伏兵四起，吕布虽经力战而脱逃，却折了不少兵力。最后只得败归濮阳，坚守不出，这次伏击战大大灭掉了吕布的锐气。

这样双方坚持一百多天，正好碰到蝗虫灾害，民间严重饥荒，吕布军粮用尽，只得退出濮阳。曹操也以濮阳地区虫荒严重，不利于驻屯，乃在九月初引军回鄄城。吕布将军队带入乘氏，却遭到县人李进的游击队袭击，由于吕布军缺乏粮食，不敢恋战，只得向东退却，驻屯于山阳。曹操也收兵回到了鄄城，至此，双方打成平手。

当时，袁绍看准了曹操兖州叛乱、军粮告绝的困厄，乘人之危，派人游说曹操与自己联盟。曹操在极度困难的时候想答应袁绍，被程昱制止。程昱分析说，袁绍空有"并天下之心"，却"智不能济"，激励曹操接受韩信和彭越的教训，不要人为刀俎，我为鱼肉。兖州现在虽然残破，但有三城在手，万人可用，加上有荀彧和我辅佐，还怕霸业不成吗！曹操听了这话，便拒绝了袁绍的提议。

也就是在这个时候，徐州太守陶谦死前遗命请刘备主持大局，刘备就顶任了徐州牧，曹操愤愤不已，即传号令，克日起兵去取徐州。

他的第一个目标选中了吕布势力范围的要地定陶。打下了定陶，就可以切断吕布西返颍川的退路，形成鄄城、东阿、定陶三面合围吕布的态势。曹操要一举将吕布全部吃掉，其意毕现。曹操战法确实多变，他先用小部队奇袭定陶，又在途中击败了吕布向定陶增援的主力，他的目的是先歼灭吕布的有生力量，然后集中兵力，挥军向东，直取吕布大本营北部要地巨野，杀了守将薛兰。

作为一个杰出的军事家，曹操断定吕布的败军和陈宫的主力部队会合后，经过重新整编，必会立刻再次进攻巨野。因此他在巨野附近展开了部署，决定和吕布、张邈的联军一决雌雄。

曹操万万没想到，他还未部署完善，陈宫就与吕布再度进攻巨野。原来，陈宫与吕布会合后，认为舍弃在巨野被曹操围困的部将薛兰、李封等军队，会使吕布领袖形象受损，因此不等军队重编，便紧急要求吕布再度进攻巨野。这样一来，曹操不免有些措手不及，面对吕布的大军兵临城下，曹操别说是拿自己的后勤部队进行会战，就是连守城也绝没有获胜的可能。

情急之下，曹操大胆采用了"空城计"，他下令把战旗全都收起来，并让一些妇女把守营寨，自己则率领一千多名后勤部队，全部整齐地排列在营外。

陈宫和吕布等人攻到巨野附近，听说曹操竟以妇女把守营寨，担心有诈，便带兵到阵前探查。

陈宫发现曹操屯营的西边有个大场，而南边又有一大片树林，料想以曹操之奸猾，定在林中藏有大量伏兵。此时天色昏暗，不好细查，只好建议吕布将军队驻在距离曹营南方十余里的位置，明晨再作打算，吕布欣然同意。

利用这短暂的夜间，曹操派出了大量使者，紧急调回不少部队。但是他并没有将调回的军队安排至城中的各个路口，而是将一半的兵力暗藏在堤下，堤上仍只摆出一半的部队。

此时，吕布根据夜间的探报得知，原来大部分曹军都在外围，一时根本赶不回来，再回想当天的曹军布局，他断定曹操肯定是兵源不足才故意摆出一副泰然自若的架势。可恨的曹操竟敢欺骗自己，于是吕布未等天明便采取了主动进攻。

吕布首先以轻骑兵攻打堤上的曹军，当先锋部队即将接近曹军时，万万没料到，堤下埋藏了伏兵。吕布的骑兵受到了堤下伏兵的重创，纷纷掉过头来往回跑，这时后面冲上来的步兵主力不知前方为何后退，竟也跟着一起往回跑。吕布大军溃不成军，曹操顺势以骑兵掩护步兵并进，长驱直入，再次大破吕布。

定陶之战是曹操平定兖州的得意之笔。此战曹操虚实并用，以攻城为目的，以歼敌有生力量为手段，利用吕布重地必守的军事常识，大幅度调动吕布军队，把战役的主动权牢牢攥在手中，围点打援，野战歼敌，势转拔城，用有限的部队一连打了三个大胜仗。

建安三年（公元198年）九月，曹操经过深思熟虑，决定再次领兵亲征吕布。吕布的勇猛令曹操很头痛，为此，曹操采取了"关门捉贼"的办法，挖掘壕沟围困下邳。

吕布虽然骁猛，但无谋而多疑，诸将各怀异心，不能形成战斗力。曹操水困下邳，围城三月，布众上下更加离心。十二月癸酉日，其将侯成与宋宪、魏续等一起把陈宫、高顺捉起来，率众投降曹操。吕布与其麾下登上邳城南门（白门楼），令左右割下他的脑袋送给曹操，左右不忍，于是自己出降。曹操令人把吕布绑起来，"缚太急"，吕布请求"缓之"，曹操曰："缚虎不得不急。"

吕布对曹操说："明公所患不过于布，今已服矣，天下不足忧。明公将步，令布将骑，则天下不足定也。"刘备在旁，吕布顾谓刘备说："玄德，卿为坐上客，我为降虏，绳缚我急，独不可一言邪？"曹操意欲活布，令使宽缚，刘备急阻止，说："不可。明公不见吕布事丁建阳及董太师乎？"吕布曾是丁原、董卓的部将，二人都是被吕布亲手杀死的。曹操明白了刘备的意思，点头表示理解。吕布怒视刘备说："大耳儿，最叵信！"

曹操命人把吕布勒死，然后将其人头送去许昌。

对于吕布，曹操欲活之，刘备欲杀之。就人品而言，刘备之谲诈似亦不在曹操之下。至于吕布乞生偷死，虽可理解，但足见其不明大义，少英雄之气度。因为就当时的情势来看，曹操最终不能不把吕布杀掉，正如曹操的主簿王必所说："布，劲虏也，其众近在外，不可宽也。"杀布，树倒猢狲散，一股劲敌就算彻底解决了。

对于陈宫，曹操虽然念及曾为自己心腹、劝领兖州等功，但就军法论不能不杀。陈宫自己也很明白无求活之理，从容趋死。这是很有自知之明的，较之吕布可谓多了几分悲壮之气。当然，陈宫赴死之前也不再以"逆贼"称曹操，而称其为"明公"，并表现出乞求宽其亲属的言论，度之情理，于宫完全可以理解；于操，则体现出在顺境情势下，颇能度情处事。

曹操于建安三年（公元198年）九月率兵讨伐吕布，到十二月吕布投降，前后不过三个月便解决了最令他担心的劲敌之一，他为什么能够这样顺利地攻灭吕布呢？

第一，战略决策正确，时机选得好。先取吕布是曹操同其幕僚经过反复磋商定下来的。本来吕布雄踞徐淮，扼南北之冲，南可连袁术，北可通袁绍，又与刘备相掎角，实难图之。曹操抓住时机，不仅没有让他形成这种优势，而且使他成了孤立之敌。

第二，战术运用得当。曹操击吕布没有把战线拉得很长，而是集中力量于一条线上。曹操出兵在河南与刘备相遇，然后合兵直驱吕布老巢彭城，屠城之后，即以陈登为先驱直逼吕布败守之下邳。兵至下邳，掘堑而围，并引沂、泗水灌城，下邳四面汪洋，吕布的士兵自然泄气。一个多月下来，吕布在既无援兵又无储粮的情况下，而益迫困，不得不降。这可谓是一次运用集中力量打歼灭战的成功战例。

第三，借用非己之兵以益军势。曹操出兵名义上是应刘备求援而发，实则恰好利用了刘备的万余兵力。此时刘备如同丧家之犬，合兵归操，殊卖力气，而且让曹操最后下定决心把已经投降的、本可赦免的吕布送上断头台。

第四，用间成功。一年前，曹操即已约陈登父子为伐吕布的内应，此举发挥了很大作用。陈登以一郡之兵为其先驱，不仅在军事上大增曹操之势，而且政治上瓦解了吕布的军心。

第五，吕布策略失当，在客观上为曹操提供了有利战机。其一，吕布先战袁术，后袭刘备，未曾虑及曹操即时来伐，自失其援，陷入孤立；其二，不用谋将陈宫之策，而听信妻子疑将之言，最初不"以逸待劳"对付曹操，后来不分兵内外遥相呼应，致使曹操直捣城下；其三，战酣之际怒辱大将，酿成内变，陈宫、高顺既已被执，败局已定，但他没有想到在曹操与刘备两大权术家面前难保性命。

曹操攻灭吕布是其走向最后成功的重要一步，其重大影响，很快显示出来：一、解除了北向用兵，尤其是对付袁绍的后顾之忧，不再两面对敌；二、使袁术成为孤立的敌人，其企图南巡北走，均不得逞；三、使张绣真正认识到出路在于投靠曹操。一句话，并没有用多长的时间，长江以北，扬、徐、兖、豫便皆为己有了。

第五节 官渡之战

官渡之战，在历史上是有名的以少胜多的典范之战。就曹操当时的7万军队而言，要想胜过拥有80万军队的袁绍，恐怕有点"天方夜谭"。但曹操采用了许攸的计策——乌巢劫粮，牵一发而动袁军整体，因此曹军成了最后的赢家。

建安三年（公元198年），袁绍击败公孙瓒，占有青、幽、冀、并四州之地。建安元年（公元196年），曹操把汉献帝挟持到许昌，形成"挟天子以令诸侯"的局面，取得政治上的优势。建安二年（公元197年）春，袁术在寿春（今安徽寿县）称帝。曹操即以"奉天子以令不臣"为名，进讨袁术并将其消灭。接着又消灭了吕布，利用张杨部将内讧取得河内郡。从此曹操势力西达关中，东到兖、豫、徐州，控制了黄河以南，淮、汉以北大部分地区，从而与袁绍形成沿黄河下游南北对峙的局面。袁绍的兵力在当时远远胜过曹操，自然不甘屈居于曹操之下，他决心同曹操一决雌雄。建安四年（公元199年）六月，袁绍挑选精兵10万，战马万匹，企图南下进攻许昌，官渡之战的序幕由此拉开。

袁绍举兵南下的消息传到许昌，曹操部将多认为袁军强大不可敌。但曹操却根据自己对袁绍的了解，认为袁绍志大才疏，胆略不足，刻薄寡恩，刚愎自用，兵多而指挥不明，将骄而政令不一，于是决定以所能集中的数万兵力抗击袁绍的进攻。为争取战略上的主动，他作出如下部署：派臧霸率精兵自琅玡（今山东临沂北）入青州，占领齐

（今山东临淄）、北海（今山东昌乐）、东安（今山东沂水县）等地，牵制袁绍，巩固右翼，防止袁军从东面袭击许昌；曹操率兵进据冀州黎阳（今河南浚县东，黄河北岸），令于禁率步骑两千屯守黄河南岸的重要渡口延津（今河南延津北），协助扼守白马（今河南滑县东，黄河南岸）的东郡太守刘延，阻滞袁军渡河和长驱南下，同时以主力在官渡（今河南中牟东北）一带筑垒固守，以阻挡袁绍从正面进攻；派人镇抚关中，拉拢凉州，以稳定翼侧。从以上部署看，曹操所采取的战略方针，不是分兵把守黄河南岸，而是集中兵力，扼守要隘，重点设防，以逸待劳，后发制人。

就当时情势而言，这种部署是得当的。

首先，袁绍兵多而曹操兵少，千里黄河多处可渡，如分兵把守则防不胜防，不仅难以阻止袁军南下，且使自己本已处于劣势的兵力更加分散。

其次，官渡地处鸿沟上游，濒临汴水。鸿沟运河西连虎牢、巩、洛要隘，东下淮泗，为许昌北、东之屏障，是袁绍夺取许昌的要津和必争之地。加上官渡靠近许昌，后勤补给也较袁军方便。建安四年（公元199年）十二月，当曹操正部署对袁绍作战时，刘备起兵反操，占领下邳，屯据沛县（今江苏沛县）。刘军增至数万人，并与袁绍联系，打算合力攻曹。

曹操为保持许昌与青、兖二州的联系，避免两面作战，于建安五年（公元200年）二月亲自率精兵东击刘备，迅速占领沛县，转而进攻下邳，迫降关羽。刘备全军溃败，只身逃往河北投奔袁绍。当曹、刘作战正酣之时，有人建议袁绍"举军而袭其后"，但袁绍以儿子有病为辞拒绝采纳，致使曹操从容击败刘备回军官渡。

建安五年（公元200年）正月，曹操和拥有强大军事力量的袁绍在官渡一带展开激战。袁绍派遣郭图、淳于琼、颜良等将领进攻驻守在白马城的曹军。袁绍自己亲率一路大军进驻黎阳，准备南渡黄河，军势雄壮，兵锋直指曹操的大本营——许都。白马城的守将东郡太守刘延频频向曹操告急，曹操亲自统率大军向北进发，援救白马城。

这时候，谋士荀攸向曹操献计说："现在我们的兵少，恐怕打不过袁绍，应当分散他的兵力才行。你先到延津，做出将要进兵渡河攻击袁军的姿态，这样袁绍必定分兵西来同我对抗，然后轻兵偷袭白马城的袁军，攻其不备，就能捉住颜良了。"

曹操很赞同荀攸的计策，就调兵遣将，准备渡河，袁绍接到曹军动向的报告，果然中计，急忙调兵西进，阻挡曹军深入。曹操虚晃一枪，领兵日夜兼程直接奔向白马城，到了距白马城还有十多里路的地方。颜良得知曹操杀将过来，大惊失色，匆忙迎战。曹操派张辽、关羽首先出阵，打败了袁军，并且杀死颜良，解除了白马城的围困。

曹操解了白马之围后，迁徙白马的百姓沿黄河向西撤退。袁绍率军渡河追击，军至延津南，袁绍派大将文丑与刘备继续率兵追击曹军。曹操当时只有骑兵600名，驻于南阪下（在白马南），而袁军达五六千骑，尚有步兵在后跟进。曹操令士卒解鞍放马，并故意将辎重丢弃道旁。袁军一见果然中计，纷纷争抢财物。曹操突然发起攻击，终于击败袁军，杀了文丑，顺利退回官渡。

曹操斩颜良、诛文丑后，军还官渡。袁绍则屯阳武，两军处在相持态势中。九月一日，曹操趁日食之日出兵与袁绍战，不利，复还坚壁。袁绍大军逼近官渡，双方展开攻城战。

这是一场有趣的斗智斗勇斗技的战斗。曹操以自己的聪明才智保住了自己的营垒，抑制了袁绍的袭击。

曹操同袁绍不一样，他愿意而且善于听取属下的建议。他按照荀或的意见办，克服困难，坚壁对敌，同时积极窥测动向，捕捉战机，谋划用奇而制敌。

曹操首先是在袁绍的军粮方面打主意。《孙子》曰："军无辎重则亡，无粮食则亡，无委积则亡。"曹操注《孙子》这三句话时称："无此三者，亡之道也。"可见曹操对军队的辎重、粮秣是非常重视的。时探子报知，有袁绍运粮车千乘至官渡，曹操用荀攸言，即以偏将军徐晃和史涣击走袁绍护粮将韩猛，"烧其辎重"。

冬十月，袁绍再次遣车运粮，使其将淳于琼等率兵万余人护送，宿袁绍本营以北四十里之故市、乌巢。沮授怕有失，劝袁绍另派步兵校尉蒋奇率军在外保护，以防止曹操偷袭，袁绍不听。此期间，谋士许攸向袁绍进乘虚攻许都之策，说："曹操兵少而悉师拒我，许下余守，势必空弱。若分遣轻军，星行夜袭，许拔则操成擒。如其未溃，可令首尾奔命，破之必也。"袁绍认准死理，一定要"先取操"，别的策略全不考虑。

此时，曹军大营中的粮草已经告急，到底是退兵，还是坚守？曹操拿不定主意了，他写信问留守许都的荀彧。荀彧回信说："袁绍把他所有的部队，全部集中在官渡，打算跟你决一胜负。你以最弱对最强，如果不能克制敌人，一定被人克制。目前我们正处在重大的历史转折点上，袁绍能集结很多人，却没有本领分辨谁是真正的人才，加以妥善任用。主公你聪明睿智，又名正言顺，有谁可以阻挡你达到目的？粮草虽然少，还没有少到西汉跟西楚在荥阳、成皋对峙时的那种程度。当时的刘邦、项羽，谁都不肯先撤退，深知一旦先撤退，形势就会立刻逆转。你的军队，不过袁绍军队的十分之一，然而划地坚守，扼住袁绍的咽喉，使他寸步不能前进，历时半年，情势已到谷底，必有大的变化。这正是出奇制胜的时机，不可丧失。"曹操采纳，下令加强营垒工事，严密防守。几天以后，又收到荀彧运来的一些军粮，曹操遇到运送粮草的部队士兵，安抚他们说："再过十五天，我为你们击破袁绍，就不再麻烦你们来回奔波了。"他鼓励将士们坚守阵地，决心与袁绍决一胜负。

又过了一些日子，曹操营里军粮再度告急。而袁绍运送粮草的辎重车队第一批几千辆，已抵达官渡。曹操心里很着急，又不便表露出来，只有谋士荀攸知道曹操心思，便告诉曹操道："袁绍辎重车队，估计已到。押运车队的将领韩猛，勇而无谋，一击可破。"曹操一听，焦虑顿减，急忙问："谁可担负这次任务？"荀攸说："徐晃！"曹操随即命令偏将军徐晃与史涣共同出击，果然大破韩猛，纵火焚烧所有辎重。袁绍得知，气得直跺脚。

曹操又派使者回许都再催要一些粮草，不料使者中途被袁军士兵捉到，押到了袁绍的谋士许攸那里。许攸从使者身上搜出曹操向荀彧催粮的信，就去对袁绍说："曹操屯军官渡已八个月了，今日粮草已尽，许都也必定空虚，如果我们分出一路兵去袭击许都，同时，进攻官渡，准能活捉曹操。"说着，把曹操催粮的信给袁绍看，袁绍接过信，随便看了看，把信往地上一扔说："曹操诡计多端，你怎么知道这信不是他故意写给你看的？这是诱敌之计，我可不上当！"许攸万万没料到这样的妙计会被顶回，站在那有点儿发愣，又有些不甘心，还想力争，刚巧袁绍的亲信审配从邺城派人送信来。袁绍拆信一看，是控告许攸的，说他在冀州贪污受贿，他的子侄侵吞公款，现已把他一家收在监狱里。袁绍看后，大发雷霆，指着许攸的鼻子臭骂了一通，把他撵出门去，不准他再多嘴多舌。

这时，袁绍第二批更庞大的运粮辎重车队一万多辆又到。袁绍把这些粮食和所有的军用物资都堆积在距离前线大营有四十里路远的乌巢（今河南省延津县东南），命大将淳于琼率军一万余人前往乌巢驻扎保护。

再说许攸受辱以后，又气又恨，他想起自己过去跟曹操交情颇深，便连夜溜出军营，投奔了曹操。曹操刚准备睡觉，听说许攸求见，来不及穿上靴子，光着脚跑出来迎接，他高兴地拍着手说："哎呀，许攸，你远道而来，我的大事一定成功了！"曹操把许攸迎入座，命人取来酒菜，两人开怀畅饮。不一会儿，许攸忽然问曹操："袁绍军力强大，你有什么办法？而今，你还有多少存粮？""还可支持一年。"曹操说。

"胡说八道，再说一次。"许攸说。

"还可支持半年。"曹操又说。许攸一听，站起来就要告辞。曹操连忙拉住："你怎么了？"

许攸生气地说："你不想击败袁绍了，我诚心诚意来投奔你，你怎么总是撒谎？"

"刚才是开玩笑，刚才是开玩笑。"曹操只得低声说道，"请别见怪，此事不宜张扬，实不相瞒，存粮只够我勉强支持一月，你说怎么办好？"

许攸点点头，说："你一支孤军，固守阵地，外无救兵，内无粮草，正处在危机之中，我正是来给你救急的。袁绍的辎重车队，有一万多辆，全都囤积在乌巢，由淳于琼守卫着。此人是个酒鬼，防备很差，如果用轻装骑兵，发动突袭，定在他们意料之外，然后放火烧粮，不出三日，袁绍部队就会不战自溃！"曹操欣喜若狂，立即派荀攸、曹洪等守卫大营，又令夏侯惇、夏侯渊埋伏在大营左边，曹仁、李典埋伏在大营右边，自己带领一支5000人的步骑兵混合部队，改用袁绍兵团的旗帜号令，马口衔着树枝，再加绳缚，以防喧哗和嘶鸣。令张辽、许褚在前，徐晃、于禁压后，士兵每人都带着干草柴火，在夜色掩护下，走小径，向袁营进发，当经过袁军阵地时，只听对方喊道："干什么的？"

"袁公派我们去乌巢增防。"袁军见来人打着自家旗号，也不怀疑，让曹军顺利通过。曹军既到乌巢，四更已尽，立即展开包围，曹操令士兵把带来的柴草点燃，然后，擂响战鼓，乘着夜风，向袁营冲击。曹军士兵们都举着火把，呐喊着冲进了袁营。此时淳于琼与众将领正酒后酣睡，忽闻鼓噪声大作，淳于琼连忙跳将起来，喝问道："谁人大胆，聚众鼓噪……"话未问完，忽听有人大喊："曹兵来了！"他连忙出帐，只见四处粮囤烟雾腾腾，大火熊熊，自知大事不好，急忙披挂上马，准备迎敌，但又不知曹操来了多少人马，不敢盲目出击，只好暂时按兵不动，此时军心已大乱。待到天明一看，粮囤已被烧得差不多了，同时发现曹兵并不多，淳于琼不由长叹一声："唉，又上当了！"遂率众出战。

曹操见淳于琼出营，立即组织进攻，淳于琼不敢反击，退回营寨自保，曹操攻击得更为猛烈。这边袁绍在帐中接到报告，说是北面火光冲天，定是乌巢出了事，袁绍立即招来文武官员商议。此时袁绍仍然自信地对儿子袁谭说："纵然曹操击破淳于琼，我也会击破他的大营，叫他无家可归。"大将张郃说："曹操率领的全是精锐，一定会攻破淳于琼，淳于琼一旦失败，大势将去，应该让我和高览先去乌巢救援。"袁绍的智囊亲信郭图说："不行。曹军劫粮，曹操必定亲自去，大营必定空虚，可派重兵去袭曹营，大功必成。"张郃又讲："曹操大营，十分坚固，攻击一定失败，万一淳于琼被擒，我们全体都要被俘。"袁绍听不进去，命令张郃、高览带重兵去官渡攻击曹营，只派蒋奇领少许人马去救乌巢。乌巢这边，曹操攻营正在紧张激烈地进行着。忽然闻报："袁绍的增援部队来了。"

"让我率兵前去阻击。"乐进对曹操说。"不去管他，你们尽管去烧粮。"一会儿，左右向曹操报告："敌骑已经接近！请分军阻击！"曹操大怒，说："等他们到了我背后，再告诉我！"曹操命士卒奋力搏杀，喊杀声震天动地，终于攻下淳于琼营寨，斩杀淳于琼等将，把所剩军粮焚烧一空。随即回军击破袁绍的增援部队，俘虏袁军士兵千余人，割下每个人的鼻子；俘获的牛马，则割下每头牛马的嘴唇或舌头，然后驱逐他们奔回袁绍大营。袁绍大营官兵，目睹惨相，大为震恐。张郃、高览这边来攻曹军大营，他们从中路进去，遭到曹军奋力抵抗。不一会儿，左边杀出夏侯惇等，右边杀出曹仁、李典，三路夹攻，袁军正想败退，又逢曹操人马从乌巢赶回，四下围住厮杀，张郃、高览不敌，只得夺路逃回。

此时去增援乌巢的蒋奇已逃回袁营，袁绍一见，气得两眼直瞪，正想严惩，忽报张郃、高览也兵败而归，袁绍差点昏厥过去。郭图由于自己谋略的失败，十分惭愧，于是，在袁绍一旁冷冷地说："张郃听说乌巢失利，十分高兴。他们二人这次出击曹营，一定没有出力。"袁绍一听，如火上浇油，立即派人召张郃、高览来营问罪。高览知道去见袁绍没有好结果，便拔剑斩了传令士兵。张郃一见大吃一惊，高览说道："袁绍听信谗言，早晚败于曹操，我们岂能坐着等死，不如去投奔曹操。"张郃也觉得只有走这条路了。

于是二人带着本部人马直奔曹营。留守大营的曹洪对张郃、高览两位的投降，惊疑不止，不敢接受。荀攸说："张郃愤怒他的计谋不被采用，前来归附，你担心什么？"曹洪于是迎接二人入营。曹操回营后，听说张郃、高览两位前来投降，十分高兴，立即封他们两人为将军。

袁绍之败，首先败在心理，军未乱，心已乱；心乱难免军乱，是为乱军难胜。

官渡之战中，曹操具有决定意义的一步是乌巢烧粮，动摇了袁绍的军心。同时利用这种有利形势，曹操又抓住了袁绍心神不宁的心理特点，依荀攸之言，到处散布攻打黎阳和邺郡的谎言。由于袁绍本来心中无底，又加上传来的消息，使他如热锅上的蚂蚁，根本冷静不下来。而曹操又正是利用袁军听信谎言大举后撤时击败了袁军。从当时兵力上讲，曹操不敌袁绍。因此，曹操采用了烧军粮、传谎言之计，趁机打败袁绍。袁军失败，最大的原因是袁绍本人，他不像曹操，即使在危险中也能保持乐观和冷静。相反，他心浮气躁，临危不知所措，因此失败在所难免。

一连串无情的坏消息，使袁绍兵团惊恐震撼，不知所措，军心惶惶，斗志涣散。许攸便劝曹操火速进兵，张郃、高览也请求打头阵，曹操同意了。当夜三更，三路出兵，袭击袁营。两军混战，袁军伤亡惨重。曹操又同荀攸计议，扬言曹军已兵分两路：一路取酸枣，进攻袁绍大本营邺城；一路取道黎阳，断袁兵归路。袁军闻讯，霎时间，大营崩溃，官兵四散逃命。袁绍跟袁谭惊慌失措，来不及披甲，用丝巾包住头发，率领剩下的八百余骑兵，北渡黄河。曹军一路追杀到河边，已来不及赶上，遂把袁绍大营里的辎重、图书、金银财宝等全部接收。袁绍残余部队向曹操投降，曹操下令全部坑杀。曹军杀死袁兵七八万人，真是血流成河。

官渡之战是袁曹双方实力转变、当时中国北部由分裂走向统一的一次关键性战役，对于三国历史的发展有着极其重要的影响。此战曹军的胜利不是偶然的，袁曹间的兼并争斗，虽属于封建割据势力之间的争斗，但它实现了地区性的统一，客观上符合人民的愿望。

第六节　征乌桓

曹操在官渡一战后，势力大增，袁绍败回邺城后，不久便因积郁成疾，发病而死。这样，便为曹操进一步统一北方提供了有利的时机。他早已夺占青州，此时又先后占领冀州、幽州与并州。那个时候，袁绍的儿子袁尚投乌桓，企图借助乌桓的力量恢复袁氏在河北的统治。

乌桓属于东胡部，在秦汉之际被匈奴的冒顿单于征服。此后，乌桓不曾有过统一的组织。传说，霍去病打下了匈奴的东部属地之时，强迫乌桓各部落迁移到长城附近。

光武帝建武二十五年（公元49年），辽西郡的乌桓领袖郝旦，率领了许多"大人"与酋长之流，来到洛阳朝觐，表示愿意归化，留住在中国境内。光武帝心软，封了他们之中的81名为王为侯，让他们与他们的部众搬到长城以南，与汉人杂居，借此也利用他们来抵抗不时侵扰的匈奴，搜集有关匈奴内部的情报。他们深感光武帝的恩德，经过了明帝、章帝、和帝三朝，一直不曾闹事。

到了安帝以后，汉朝内政不修，边疆的文武官吏没有控制外族部落的能力，乌桓便时而恭顺，时而叛乱。灵帝即位之时，乌桓的力量已经足以威胁汉朝沿边各郡的安全。

在上谷郡（河北省怀来县一带）的乌桓领袖，名叫难楼，有九千多个部落听他指挥。在右北平郡（今河北北部）的领袖，叫作乌延，有八百多个部落。在辽西郡的领袖叫作丘力居，有五千多个部落。在辽东郡（今辽宁省）的领袖，叫作苏仆延，有一千多个部落。

献帝初平年间，丘力居的侄儿蹋顿成为辽西、辽东三个郡的乌桓的领袖，苏仆延与乌延都和他一致行动。他帮助袁绍打公孙瓒；袁绍

"承制"以献帝的名义把他与苏仆延及乌延，都封为单于；也把上谷郡的难楼封为单于。

袁熙与袁尚二人跑到柳城去投奔蹋顿，不是没有理由的。因为曹操想进军到柳城，不是容易的事，那时候，从河北省到柳城，没有公路，也没有所谓"驿道"。所有的，仅是山中的小路，而且又要穿过长城。普通的商人、小贩，要走这些小路已经很难，何况大军？至于输送军粮，那更是不能想象了。

但曹操为彻底消灭北方豪强势力，以根绝后患，遂决定率领马步三军，兵车数千辆，浩浩荡荡向乌桓所在的辽东地区进发。

依郭嘉的计划，塞北的军事行动在建安十二年（公元207年）夏天开始，预计冬天到来前结束。五月初，北征大军抵达石北平郡的无终城，郭嘉却因水土不服卧病军中。曹操见塞北地域，黄沙滚滚，狂风四起，加以道路崎岖，人马难行，郭嘉病情又不轻，便有意延缓北征的军事行动。

曹操亲自到车上探望郭嘉，见郭嘉面容憔悴，病情严重，不禁为之感伤，当场落泪表示："为了远征沙漠中的异族，使先生远涉艰辛，以致染病，吾心何安？"

郭嘉正色道："我受丞相大恩，虽死不能报万一！"

曹操说："我看到北征路途，困难重重，想先撤军，重做妥善准备，正想请教先生！"

郭嘉闻言大惊，挣扎起身表示："军国大事，怎可因我的身体而延误！兵贵神速，今千里之遥袭击敌人，如果辎重太多势必无法争取时间，不如以轻兵快速出击，以攻其不备。但首先要找到知道捷径和险路的向导。"

于是曹操留郭嘉在无终城养病，特地请到在此隐居多年的原袁绍旧将田畴为向导。领曹军走一条叫作"卢龙道"的小路，由蓟县之东，穿过喜峰口经喀喇沁左旗，直抵柳城之西，全长五百多里。

这时，已接近夏天，这一带地方雨水充沛，道路几乎全为雨水淹没，袁氏及乌桓联军又严守交通要道，曹军行动困难，根本无法进攻。

曹操便和田畴商议，田畴说："这条大道夏秋两季经常积水，说浅却无法通行马车，说深又不足以载舟，不好行动。不过，以前北平郡治设在平冈道上，这条路经过卢龙塞，可以通往柳城。自从光武帝建武年间，便已崩塌，断绝了将近两百年，好在现在还有小路能够通过。如今，我们最好让敌方认为，我们因行军不得，有准备撤军的意思，使他们在守备上松懈下来。到时候，我们再回头由卢龙口出发，越过险道，乘其不备，便可攻入敌人的大本营。这条路虽不平坦，但距离短得多，而且可以让对方措手不及，取蹋顿之头，指日可待也。"

曹操非常高兴，立刻召集阵前会议。张辽等将领认为路途既艰险又不熟悉，都持反对意见，但曹操在评估其可能性后，仍采纳了田畴的策略。

曹操下令各军团，要他们散布谣言，说全军准备班师回朝，他还特地竖立通告表示："炎夏多雨，积水太深，无法前进，等秋分以后，天气干爽，再行远征。"乌桓的探马截取到这份通告后，立刻向大本营报告曹军撤退的好消息。

其实，这个时候，曹操正请田畴组成熟悉地形的向导团百余人，分派在各军团前指引道路。全军爬上徐无山（今河北省东北区），通过卢龙塞，再攀登五百余里的山路到达平冈城。

建安十二年（公元207年）秋八月，曹操大军抵达平冈城附近的白狼山，距离柳城大约只有二百里时，袁尚和乌桓的联军才发现曹军的行踪。

曹军这段翻山越岭的行军非常艰难，虽是中秋气候，但塞北高地严寒有如冬天，加上缺乏水源，情况非常糟糕，据说曾经有段路连续两百多里找不到一滴水，再加上粮食运送困难，有好几次先头部队断粮数日，连杀了几千匹战马，才解决粮食问题。

曹操下令组织特遣部队，到处挖深井，有些井据说连挖三十几丈深才冒出水来，由此可见其艰辛及困难程度。

双方在白狼山麓原野下对阵，乌桓和袁氏的联军几乎倾巢而出，袁尚、袁熙和乌桓的三位首领都到达战场。这是曹军第一次面对擅长骑战的游牧民族所展开的大规模野战。

但曹操却满怀信心，他似乎为能进行一场轻骑兵大会战而感到兴奋不已。当张辽向他禀报敌军动态时，他立刻在虎豹骑的保护下勒马登高瞭望。他见到乌桓兵虽漫山遍野，但显然不懂得阵式作战，部署上紊乱不堪，与袁氏兄弟军团间的配合也明显不足，于是他决定以突击的方式给予敌人致命的打击。

首先，他将张辽的军团分成三部分：前锋采尖锥队形，另两部分组成两波攻击队伍，再以徐晃的部分轻骑兵作为预备部队，准备由侧面攻击敌军。曹操自己则率领曹纯指挥的虎豹队殿后，以保持连续不断的攻击。

勇猛无比的张辽首先率队攻入敌阵，随即展开厮杀。不一会儿，乌桓兵团的阵脚大乱，三位部落首领虽集结了部分兵力准备反攻，但很快便被曹军第二波、第三波的攻势冲散。袁尚及袁熙军团想前来支援，又被徐晃的轻骑兵阻止。曹军凶如猛虎，专攻敌方将领，乌桓首领蹋顿在和张辽军团对抗中重伤而亡，重要将领死伤更是不计其数。乌桓兵溃不成军，纷纷投降；袁尚、袁熙在混乱中，引数千骑投奔辽东太守公孙康。

曹操在塞北远征的战争中，灵活运用了《孙子兵法·兵势篇》中的法则，由郭嘉所策划的准备工作相当的完善，以动员和部署来讲应属"正兵"，不过最后下令暗渡徐无山的完整策略，则完全属奇兵战术。最后白狼山的野战，曹军人数上虽较少，但曹操凭其丰富的野战指挥经验，更是奇正相生。张辽的首攻军应属正兵，徐晃及曹纯的部队则属奇兵，分波进攻，连绵不断，因此强悍的乌桓部队不堪一击，兵败如山倒。

第七节　兵败赤壁

赤壁之战是一场惊天动地的大战，也是中国历史上著名的以弱胜强的战争之一。建安十三年（公元208年），曹操率领水陆大军，号称百万，发起荆州战役，然后讨伐孙权。孙权和刘备组成联军，由周瑜指挥，在长江流域赤壁一带大破曹军，从此奠定了三国鼎立的格局。赤壁之战是第一次在长江流域进行的大规模江河之战，也是孙、曹、刘各家都派出主力参加的唯一的战事。

曹操经公元200年官渡之战、公元207年北征乌桓，完成了统一北方的战争。建安十三年正月回到邺城后，立即开始了向南用兵的军事上和政治上的准备：一、在邺凿玄武池以练水军；二、派遣张辽、于禁、乐进驻许都附近，以备不测；三、令马腾及其家属迁至邺，做了实际上的人质，以减轻西北方向的威胁；四、罢三公官，置丞相、御史大夫，进一步巩固了他的统治地位；五、铲除了数次戏侮及反对自己的孔融，以维护自己的权威。

建安十三年（公元208年）七月秋，曹操亲领大军十余万南下荆州，用王夫之在《读通鉴论》中的话来说是"乘破袁绍之势以下荆、吴"。企图一举消灭刘表和江东的孙权，统一天下。

赤壁之战是从曹操进取荆州开始的。因为荆州是个大州，不要说长江以南那部分，就说在江北的地区吧：北面南阳、新野、襄阳，都属南阳郡，辖地有现在河南南部、湖北北部和陕西南部地方；东面的江夏郡，辖地有现在湖北东部地方；西面的南郡，辖地有现在湖北中部和西部地方，合起来相当于两个省。加上刘表统治荆州18年，没有参加其他军阀的战争，因此人口繁盛，人才集中，地方富庶，物资充足。在曹操看来，它简直是一大块肥肉。

但令曹操意想不到的是，正当他疾趋宛、叶之时，刘表死了，次子刘琮马上投降了，这样一来，曹操要分兵占领大片土地，要收罗寄住荆州的各种人物，要抢夺大批物资，要建立曹家的新秩序……他无暇再去追击刘备，也无暇计较孙、刘的联合。而且，他又被这种轻易的胜利冲昏了头脑，认为从此大势已定了。他手下的将校士卒，乘战胜之威，抢掠金银财宝，甚至强抢民女。他们归心似箭，要回乡享乐去了。总之，在大获全胜的假相背后，已经埋下了失败的祸根。

曹军的作战部署大体是：以赵俨为章陵太守兼都监护军，统一指挥于禁、张郃、朱灵、李典、张辽、冯楷等七军，在汉水、淮水之间的行动。荆州方面，曹操以曹仁和夏侯渊驻守江陵，以曹洪驻守襄阳，另以一部水陆军由襄阳沿汉水南向夏口。曹操亲率一部连同新附的荆州之众顺江而下，攻打东吴。

当曹操南下时，孙权派鲁肃出使荆州，吊刘表丧，兼说刘备同心御曹。鲁肃与刘备相遇于当阳，后刘备用其计折向东南汉水方向撤退，和自汉水东下的关羽水军会合，并与刘表长子、江夏太守刘琦所部一万余人的联军退至夏口，图谋联合孙权抗击曹操。刘备遣诸葛亮随鲁肃往东吴共谋抗曹之计。

诸葛亮到柴桑时，孙权已接到曹操威胁的书信，信上说："今治水军八十万众，方与将军会猎于吴。"孙权不愿以"全吴之地，十万之众"受制于曹操，又顾虑孙刘联军不能与曹操相匹敌。孙权部下以鲁肃为代表的主战派和以张昭为首的主和派也展开了激烈争辩。诸葛亮劝说孙权：刘备虽败于长坂，但将士及关羽水军精甲万人，刘琦和江夏将士亦不下万人。而曹操的弱点：一是劳师远征使得士卒疲惫；二是北人"不习水战"；三是荆州之民尚未心服曹操等。诸葛亮的结论是：如果孙刘联合，定可取胜。

鲁肃又用激将法进言，说服了孙权，同时劝孙权立即把周瑜从鄱阳召回。周瑜支持诸葛亮和鲁肃的观点，他指出曹军的弱点：一、曹军疲惫不堪；二、"又今盛寒，马无藁草"；三、加之马超、韩遂尚在关西，为曹操的后患。继而进一步分析了曹军的实际力量，指出：来自中原的曹军不过十五六万，而且所得刘表新降的七八万人，人心并不向曹。

孙权增强了联刘抗曹取胜的信心，命周瑜和程普为左右都督，鲁肃为赞军校尉。周瑜率精锐部队3万人，沿江而上至夏口，与刘备统军2万多人会合，共同抗曹。

在赤壁之战的前夕，表面上，曹操乘战胜之威，以数十万大军，压到长江，胜利大有把握。但他不知道形势已在暗中发生变化：自己方面的优势，因胜利冲昏头脑而被大大削减；反之，敌人方面的劣势，却由于紧密团结和拼死抵抗的决心而转为优势了。

人和不在曹操这一边，而同时，天时、地利也不在曹操这一边。

当年曹操南征刘表，刘表新死，刘琮在襄阳投降，于是曹操用轻骑急追刘备，刘备向南撤退，在当阳长坂一带遇上了曹军，被杀得七零八落，刘备便同诸葛亮等1000人向东退却，退到樊口，商议同东吴联合拒曹。关羽则另率一军驻在夏口。

但是曹操不是向东追击而是向南直进，他认为先占领江陵是更重要的，因为江陵积有大量粮食、军械。这样一来，曹操大军就集中在江陵一带，反倒让刘备有喘息之机了。

由江陵东面直到夏口西面，沿着长江北岸有一个几百里宽的沼泽地带，这里人烟稀少，道路不通，大船进不去，军马不能驻扎，兵家叫作死地。曹操无法从陆路进击孙刘联军，于是就走水路。

这一带的长江非常曲折，而且北岸是上文说的沼泽地，南面又有东吴军队把守，于是曹军只好沿着长江，进到赤壁。

曹军当时也占领了长江南岸的一些地方，不料才一交战，就吃了败仗，只好退到江北。于是两军就在赤壁附近相持。

曹军不能在南岸展开，就注定了要失败，因为二三十万大军，一部分在船上，一部分在江北，而江北却是大片沼泽地，只能集中在江边一线，可谓进退两难。

地形对曹军不利，对孙刘联军却有利。

当有利因素开始出现的时候，刘备没有让它溜走，而是稳稳地抓住了它。他联合孙权，仔细谋划，谨慎准备，希望一举歼灭曹操的主力。

曹操占领江陵以后，谋士贾诩出主意，叫他在荆州先休整一段时间，操练军队，安定民心，巩固刚占领的地区，等准备好了再向东发展，去攻占江东。曹操却觉得很轻易就赶走了刘备，占领了荆州，收编了刘琮投降的部队，缴获了大量的军事物资，由此自己的兵力增强了，实力也雄厚了，对付孙权没有问题，就没有听贾诩的劝告。曹操把张辽、徐晃、程昱的军队，加上蔡瑁和张允带领的7万水军，组成庞大的船队。整个船队首尾相连有几百里长，24艘战船连成一排，看上去就像一座水上长城，非常壮观。数百艘小船在周围巡逻，防止敌人偷袭。整整花费了一个多月，才准备完毕。

这时，孙权和刘备方面也在积极准备应战。孙权对周瑜说："你能打败曹操就和他打，如果打不过，就赶紧回来和我会合，我要和曹操做生死的较量。"

公元208年九月底，刘备按照约定，率领部队由夏口顺流向东两百多里，驻扎在长江南岸的樊口，准备和孙权的军队会合，共同抗曹。

根据情报，曹操的大军已经准备从江陵出发了，刘备听不到诸葛亮和鲁肃的消息，他很担心，每天都派人去探听孙权军队的情况。没过多久，哨兵报告说，孙权的先锋船队就要到樊口了。刘备立刻派孙乾去慰劳他们。周瑜请刘备上船见面，刘备见面赶紧就问周瑜带了多少人马，周瑜告诉他只有三万多人，刘备一听很失望。周瑜却信心十足地回答说："你就看我来打败曹操吧。"接着周瑜率领着孙刘联军向西去迎战曹军。

刘备回去后，越想越不对劲，暗中派关羽带领一部分人马，向北过汉水去准备，假如周瑜失败了，也好留条后路，安全撤退。

十月底，周瑜把指挥部设在三江口，选择赤壁附近的江面作为决战的地点。周瑜又派经验丰富、熟悉地形和水性的老将黄盖、韩当作先锋部队的指挥，准备直接进攻曹军。紧跟在后面的是主力船队，周瑜和程普在中心进行指挥。吕蒙、凌统、太史慈的部队为陆军先锋，刘备的军队在后方的汉口附近，防备曹操的陆上进攻。

正像诸葛亮分析的那样，曹操的士兵多数是北方人，刚到南方，因为水土不服，许多人病倒了。长江风浪很大，这些士兵不熟习水性，船在江面上摇晃，许多人晕船。曹军和周瑜的水军打过几次小仗，都被打败了。有人给曹操出主意，用铁链把战船都连在一起，船上再铺上木板，就稳当多了。这样一来，果然是稳固多了，就像在陆地上一样平稳。曹军士气也振奋起来。

大将程昱、张辽提醒曹操，提防对方用火攻。曹操认为，现在这个季节是刮西北风，周瑜的船在东南方向，如果放火，只会烧着周瑜的船，所以就没把这事放在心里。

黄盖也发现了曹军用铁链连船的弱点，就向周瑜建议说："敌人的军队比我们多得多，如果长时间相持下去，对我们很不利，得赶快想办法攻破敌人才行。曹操把战船连在一起，行动不方便，我们可以用火攻的办法来打败他们。"周瑜一直也在想用火攻的办法，就是担心风向不对，弄不好会烧着自己，所以只能耐心地等待风向改变。要想火攻，离远了不行，得有人靠近曹军的战船。周瑜和黄盖商量，由黄盖写了投降书，派了个能说会道的人送到曹操那里。信上说："从大势来看，用江东这么点兵力对抗曹公的百万大军，这是所有人都看得清结果的。只有周瑜、鲁肃看不清形势，不自量力。现在我愿意归顺曹公，为表示我的诚意，我准备在双方交战时，率领先锋部队投降，指引曹公的兵马，直接攻进周瑜的指挥部，来报答曹公。"

曹操接到黄盖的降书，开始有些怀疑，又一想，信中说的有理，也就相信了，便和送信人约定：黄盖投降时，船上以插有画龙的旗子为信号。

十一月的一天，风向突然变了，转成刮东南风。黄盖带领十艘大船，船上装满柴草，用油浇上，外面裹上布，插上约定的旗号，又把灵活机动、便于作战的小艇拴在大船后面，乘着风势，向北岸飞速驶去。快接近曹操的战船时，黄盖让士兵举起火把，一起呼喊："黄盖来投降了！"曹军听见喊声，以为黄盖真来投降了，都走出船舱观望。开始，曹操看见黄盖来投降，正在得意，后来发现不对劲，赶紧命令部下拦住快艇，但是已来不及了。黄盖命令士兵点着干柴，加速冲向曹军战船，然后跳上小艇撤退。这时风势更猛，火借风势，风助火威，不一会儿，曹军的战船全着了。接着岸上的营寨也起了火，曹军大乱。孙刘联军冲杀过来，曹军大败。

在弥漫的大火中，曹操带着残兵败将，匆忙顺着陆路，经过华容（今湖北监利东北）向江陵逃去。正赶上刚下完雨，气温突然下降，路上到处是泥，战马陷进泥潭中，很不好走。曹操命士兵每人抱一堆枯枝杂草，走在前面铺路，才勉强通过。一路上逃跑的士兵争先恐后，互相践踏，加上生病受伤的又死了不少。刘备、周瑜从水陆两线追击，一直追到南郡。曹操留下曹仁、徐晃守住江陵，乐进守襄阳，自己率领人马回北方去了。从此以后曹操再也没有力量向南发展了。

同样是以弱胜强的著名战例，与官渡大战不同的是：曹操在赤壁之战中成了失败者。因为这是曹操在剿灭袁绍、平定中原、志得意满时主动采取的冒险行动。在冒险南征之前，曹操就有点儿头脑发热，官渡之战后滋生的骄傲自满、目空一切的情绪牢牢控制了曹操，他错误地估计了形势，低估了孙刘联军的实力。

战争开始后，曹操自负轻敌，指挥失误，加之水军不强，终于在赤壁被头脑清醒、准备充分的孙刘联军彻底击溃了，最后弄得一败涂地。

战后，刘备乘胜取得武陵、长沙、桂阳、零陵等四郡，次年又任荆州牧，奠定了壮大发展、进据益州的基础。曹操吸取失败教训，大兴水军，进控江淮，与孙权对峙。孙权为抗曹，继续与刘备联盟，任其在荆州发展。由此刘备得到一块较好的地盘，结束了漂泊的生涯，三国鼎立的格局逐渐形成。

第八节　得陇不望蜀

建安十九年（公元214年）冬，刘备夺取了益州，这引起了曹操的不安。曹操对此的策略是：先打张鲁，占领汉中，再由汉中南下，打进益州，以泰山压顶之势消灭刘备。

建安二十年（公元215年）三月，曹操率军西征雄踞汉中近三十年的张鲁。张鲁原是沛国人，爷爷张陵，汉末流寓蜀中，在鹄鸣山学道，创立了原始的道教。入教者每人交五斗米，因而人称其教为"五斗米道"。该道以救死扶伤、解危济困为主导思想，在当地颇有影响。

张陵死后，张鲁父亲张衡继承父志，继续传道。张衡死后，张鲁则接续了祖父两代的丰业，继续在当地传道。后因替益州刘焉攻打汉中，而将势力扩展到汉中，并以汉中作为自己的根据地。张鲁在汉中以教义教化百姓，因此势力日益强盛。

张鲁也曾被部下拥戴为"汉宁王"，幸亏有一位叫阎圃的谋士苦劝他不可称王，最好自称为"汉宁太守"，以表明自己的政治态度。

张鲁接受了阎圃的忠言。因此，在曹操率领大军到来的时候，心里一点儿也不害怕。他认为自己从未自称什么"汉宁王"，而仍是汉朝的一个太守，曹操不能把他当作一个造反者来治罪。而且，曹操一生曾多次招降纳叛，因此，也许对他不仅不惩罚，反而会升他的官。

张鲁的弟弟张卫，则坚决主战。张鲁拗不过张卫，就准许张卫率数万人姑且抵抗一下。

张卫选定了地势险要、易守难攻的阳平关作为防御阵地，沿着阳平关的两旁，造了十几里长的小长城，把各座山头连在一起。这一座小长城，张卫集中了几万兵士来守。

七月，曹军到达阳平关。攻了三天，竟然一时攻打不下，士卒死伤又很多，军粮也快没了，便想退兵。就在这时，戏剧性的一幕出现了。

郭颁在《魏晋世语》中说："曹操攻了三天攻不下以后，本已决定撤退。他的'西曹掾'郭谌劝他坚持。郭谌说：'部队已经进入敌人境内如此之深，只能前进，不能后退。一退便不可收拾；进，颇有胜利的可能。'"

就在"西曹掾"郭谌进言的那一天的夜里，《魏晋世语》继续说，发生了两件意外的事：（1）有几千只麋鹿，走进了张卫的军营，弄得阵容大乱；（2）曹军的前锋部队，走错了路，走进了张卫的军营里。曹军的一个中级军官高祚，想把自己的部队集合起来，以免零零落落地在敌人营中被消灭，于是擂其鼓，吹其牛角号。这一来，竟然引起张卫的恐慌，以为曹军有一大批人冲了进来。结果，张卫投降。

《魏晋世语》的说法与《魏名臣奏》之中的一篇董昭所上的表，颇能相符。董昭说："曹操攻阳平关攻不下来，很灰心，他叫夏侯惇和许褚把上山仰攻的部队撤回。夏侯惇和许褚依令行事，撤回了部队的大部分，却有少数的前锋因为迷路而进入了张卫的军营，把张卫的兵吓跑了。曹操得到消息，就挥军前进，占了阳平关。"

又有一种说法以为，进言的人不是"西曹掾"郭谌，而是"主簿"刘晔。这一种说法，见于《三国志·程郭董刘蒋刘传》。

总而言之，阳平关是被曹操拿下来了。张卫投降以后，被曹操斩首。

张鲁听到张卫失利的消息，立刻就想出来投降。阎圃劝他不可如此性急，这个时候投降，一定会被曹操看不起，虽然不至于像张卫那样身首异处，但也不会得到什么官爵。

阎圃建议张鲁：不妨逃入大巴山之中，依附山里面的少数民族的领袖杜濩、朴胡等人，做出一种抗拒到底的姿态，然后派人向曹操谈和平解决的条件。张鲁认为此计很妙，便依阎圃之计而行。

有人劝张鲁，把堆积在汉宁的财宝与粮食一齐烧光，以免被曹操占了便宜。张鲁不肯，反而贴上封条，静候曹军接收。果然，这件事深得曹操嘉许。

曹操不等张鲁的代表来洽降，就先派使者迎接张鲁。张鲁也就率领全家及余众，出来投降。使者奉了曹操的命令，以汉献帝的名义，拜张鲁为镇南将军，封为阆中侯，食邑一万户。张鲁的五个儿子与阎圃，也都被封为列侯。张鲁的女儿也嫁给了曹操的儿子曹彭祖。于是，张鲁还成了曹操的亲家。

曹操打了三天一夜的仗，便获得了汉宁郡一大片地盘。得到汉中后，曹操把汉宁郡的名称恢复为汉中郡。

曹操获得了庞大的汉中郡，下令把它一分为三：除了核心部分仍叫汉中郡以外，又新设西城郡与上庸郡。汉中郡与西城郡均设太守，上庸郡不设太守，只设都尉。

曹操在平定汉中之后，司马懿曾对曹操说："刘备以诈力取刘璋，蜀人尚未归心。今主公已得汉中，益州震动。可速进兵攻之，势必瓦解。智者贵于乘时，时不可失也。"刘晔也认为："司马仲达之言是也。若少迟缓，诸葛亮明于治而为相，关、张勇冠三军而为将，蜀民既定，据守关隘，不可犯矣。"

而曹操却叹道："人苦无足，既得陇，复望蜀邪！"且"士卒远涉劳苦，且宜存恤。"于是按兵不动。

毛宗岗评论曹操此语，认为曹操之得陇而不望蜀，有三惧：

前以初破袁绍之众，远行疲敝，跋涉江河，致有赤壁之败；今以初平张鲁之众，历险阻，越山川，不恤其劳而用之，安能料其必胜乎？一可惧也。使荆州会合东吴，而乘虚北伐，将奈之何？二可惧也。且心畏孔明之才，向以博望、新野蕞尔之城，犹能焚我师而挫我锐，况今有西川之地而欲与之抗衡，三可惧也。操实有此三惧，而假托知足以为辞，此奸雄欺人之语耳！

曹操希望通过汉中来取益州，为什么最后得陇不望蜀了呢？因为他清醒地认识到，虽然自己侥幸取胜，但再面对比阳平关还要险恶的剑阁关，面对实力强于张鲁集团的刘备集团，自己实在没有把握取胜。因此曹操说出"得陇复望蜀邪"这样的话，也就不足为奇了。

由此看来，提出得陇望蜀的司马懿才智明显不如曹操。所以他虽"慨然有忧天下心"（《晋书·宣帝纪》语），与雄才大略的曹操共事，其才能终不得施展。

但是，曹操对汉中的留守防御，却过于轻率，埋下了后来丢失汉中的祸根。占领汉中后，应该说曹操取得了进攻巴蜀、拱卫长安的战略主动权。就是暂不出兵攻蜀，也应该加强防守，采取稳固军心、民心的措施。

但曹操的防守策略是消极的、被动的。从史实上可以清楚地发现，曹操占领汉中后，刘备求和于孙权，暂时结束了与东吴在荆州的纷争，结盟御操。刘备派黄权、张飞等击败了曹操在三巴（巴东、巴西、巴郡）设置的三位太守而占领三巴，孙权又以10万大军围攻张辽、李典、乐进驻守的东线重镇合肥，以此牵制西线作战的曹军。在这种情况下，曹操采取了撤出主力、收缩防御的消极策略：一是亲率主力大军和大批战将谋臣，撤出汉中，引军还邺；二是留夏侯渊、张郃、徐晃、杜袭等少数战将守汉中；三是让杜袭、张郃等人多次把汉中之民数万户迁徙到长安、三辅、洛阳、邺都等地。这样，极大地削弱了汉中防守的力量，从人力、财力、物力上陷于一种被动的局面。

尽管夏侯渊、张郃等人竭尽全力，凭借汉中的关隘，坚持了三年多的时间，然而刘备经过稳定益州内部，积蓄力量，并采纳法正计谋，于建安二十二年（公元217年）十月亲率赵云、黄忠、魏延等进兵汉中，并以张飞、马超、吴兰等率兵入武都牵制曹军，与曹魏展开了争夺汉中的战争。在一年多的对阵中，终以黄忠斩夏侯渊等，宣告了刘备与曹操汉中之争的结束。曹操第二次来汉中，欲与刘备进行大决战，但刘备却敛众据险，以逸待劳，使曹操攻守无策，只好以"鸡肋"比之汉中，于进退两难之中再次退守长安，形成了后来与蜀汉旷日持久的拉锯战争局面。

第九节　用兵重谋

三国时期，曹操的谋略可以说是出类拔萃，就是和智多星诸葛亮比起来，他也毫不逊色。在军阀混战中，曹操为了保护自己，对付敌人，常常采用挑拨离间、隔岸观火的手段，以敌制敌，借刀杀人。所谓除强先灭弱，近攻先交远，稳住一个吃掉另一个。先与一方化敌为友，相互合作，吃掉一方，再陆续各个击破，谋取大局。曹操就是这样打了一个又一个攻坚战。

曹操胸中有万千韬略，擅长斗智，他能根据当时两方的具体情况，进行分析、对比，选出良策，根据自己的特点以变应变，以静制动，看准机会，战胜对方。"因其智而制其智"是曹操常用的黄金法则之一，更是他成功的保证。

当初，曹操虽然挟持了汉献帝，但力量并不是很强。对于他面前的两个强敌——刘备和吕布，虽早有欲除之而后快的想法，只是苦于没有机会。

荀彧第一次献计，让曹操用"二虎竞食"之计瓦解吕、刘联盟，曹操大喜。他认为仅凭一纸空文就可以让强敌自相残杀，是条妙计，何乐而不为？可惜最终刘备、吕布没有上当，荀彧的计谋没有成功。

后来，荀彧又第二次献计，让曹操采用"驱虎吞狼"之计：用一虎（袁术）诱食，一虎（刘备）逐食，一虎（吕布）抢食的策略，使得三方的矛盾因利益之争而相互拼斗，并最终实现消灭其中一方的目的。

《三国演义》这样描写荀彧献计献策的情形：

> 彧曰："又有一计，名曰'驱虎吞狼'之计。"操曰："其计如何？"彧曰："可暗令人往袁术处通问，报说刘备上密表，要略南郡。术闻之，必怒而攻备，公乃明诏刘备讨袁术。两边相并，吕布必生异心。此'驱虎吞狼'之计也。"操大喜，先发人往袁术处，次假天子诏，发人往徐州。
>
> 却说玄德在徐州，闻使命至，出郭迎接；开读诏书，却是要起兵讨袁术。玄德领命，送使者先回。糜竺曰："此又是曹操之计。"玄德曰："虽是计，王命不可违也。"遂点军马，克日起程。

事态发展果然不出荀彧所料，吕布占领徐州，与袁术夹攻刘备，刘备不敌败走。

曹操之所以能统一北方，开创魏国的基业，得益于他超人的战略洞察力和纵横捭阖的政治手段。为了除去后顾之忧，曹操决定采取由近及远、先弱后强的方针。用计谋挑起了袁术与刘备的矛盾，使两方杀得难解难分，自己却冷眼旁观，坐待敌人削弱。他看到吕布与刘备过分亲密，就设法离间他们的关系。

曹操在打败吕布前，北有袁绍，东有吕布，西有马腾、韩遂，南有荆州牧刘表，在曹操与刘表之间，还夹着一个与刘表联合的张绣。这些割据势力对曹操形成了一种四面包围的态势，随时都有向他发动攻击的可能。所以他必须先站稳脚跟，再图发展。

当时，袁绍势力强盛，而且还没有与曹操彻底闹翻，曹操不可能首先对他用兵。关中马腾、韩遂各拥强兵相争，一时无力对东边用兵，对曹操暂不构成威胁。东边的吕布是夙敌，力量不弱，对曹操的威胁也最大。曹操有意解除这一威胁，但南边的张绣虎视眈眈，如果一旦对吕布用兵，张绣乘虚袭击后方，后果不堪设想。为了除去后顾之忧，曹操决定采取由近及远、先弱后强的方针，这大概有点"远交近攻"的意味。

曹操先把矛头对准了力量尚且薄弱的张绣，对张绣开始了第一次征伐。第一次南征张绣回到许都后，曹操就开始为东征吕布创造有利条件。

为了集中力量对东面用兵，曹操还采取措施稳住西方的马腾、韩遂。他利用手中挟持天子的权力，派老侍中兼司隶校尉钟繇持节，监督关东诸军。钟繇到达长安后，写信给马腾、韩遂，讲清利害关系，劝他们不要轻举妄动。马腾、韩遂表示服从朝廷，还遣子入侍朝廷。曹操计谋得逞。

袁绍的堂弟袁术，字公路。在三国乱世的芸芸众生中，他是一个想出风头而又成不了气候的代表人物，他自封皇帝，黄袍加身，可惜不久就死于非命，上演了一出"过把瘾就死"的闹剧。他靠着祖辈"四世三公"的辉煌家世，没有经历生活的磨炼，缺乏过硬的本领，不过是个纨绔子弟而已。

袁术在得了孙策借兵返江东时抵押的传国玉玺后，于公元197年准备称帝，并且派人告诉吕布。吕布扣留了袁术的使者，把书信交给了朝廷。袁术大怒，发兵攻打吕布，被吕布击败。二人之间的矛盾越来越深。

曹操为了削弱袁术、吕布的势力，趁机用离间分化策略使吕布与一心想做皇帝的袁术火并，最终导致袁术失败。

建安二年（公元197年），曹操以朝廷的名义，封吕布为左将军，并亲自写了一封信。信上说，此前皇帝封吕布为平东将军的大印，被使者在山阳屯（今河南修武境）丢了。现在国家没有好金子，自己愿意拿出自家上好的黄金为吕布打造金印；国库里没有上好的紫绶，愿意取自己带的紫绶送给吕布，以表心意。此外，曹操还在信上表明：

将军所使不良。袁术称天子，将军止之，而使不通章。

朝廷信将军，使复重上，以相明忠诚。

对吕布的奖赏就是对袁术的打击，就是要进一步刺激袁术，使二人更加互不相容。曹操对吕布的收买果然见效，吕布本来就是个唯利是图的小人，自己能够受封，并接到这样一封充满"善意"的信，当然很高兴，不知不觉就中了曹操的计。

起初袁术怕吕布威胁到自己，为儿子求婚，要与吕布结为亲家，但沛相陈珪劝说吕布：

曹公奉迎天子，辅赞国政，将军直与协同策谋，共存大计。今与袁术结姻，必受不义之名，将有累卵之危矣。

吕布与袁术本来就有夙怨，嫁女结亲家也是勉勉强强，吕布听了陈珪的话，立即把已在途中的女儿追回，并将袁术使者送给曹操杀了。

一切都如曹操所愿。袁术当然不能容忍吕布这样无礼，于是派遣大将率步、骑兵，分七路进攻吕布。吕布当时的兵马不多，非常担心失败。于是就用了陈珪的计谋，策反韩暹、杨奉背叛袁术，共同夹击袁军，袁术大军落荒而走。

随后，吕布与韩暹、杨奉合军向袁术的老巢寿春进发，水陆并进，一直追到钟离（今安徽凤阳东山）。所过掳掠，然后还渡淮北，留下书信，对袁术羞辱一番，打击了袁术的锐气，削弱了袁术的兵力，并掳掠了袁术辖地的资财，这时的袁术真可谓如坐针毡。

利用吕布、孙策以打击袁术的策略获得成功，袁术成了南北无援的孤立之敌。对付这样的敌人，相对来说就容易多了。所以曹操立即抓住时机，在第二次伐张绣之前安排东征袁术的战役。

建安二年（公元197年）秋九月，在袁术力量已弱的情况下，曹操趁机宣布袁术罪状，发兵征讨袁术，率军大举南讨。袁术听说曹操亲自率军，吓得弃军逃跑，退到淮水以南，曹操又趁走投无路的袁术北上投奔袁绍的机会，派刘备等人截击袁术，致使袁术在毫无能力抵抗的情况下，掉头逃到江亭，终于和皇帝的宝座无缘。

曹操以敌制敌的战略决策最终取得了胜利。曹操将自己的势力延伸到了淮南。随后，曹操在下邳城（今江苏睢宁）打败吕布，将势力扩展到了徐州一带。

与袁绍决战时，曹操为了解除后顾之忧，急袭徐州的刘备，急袭成功后，曹操不仅巩固了徐州的统治，同时也避免了同袁绍较量时，两面作战的被动局面。

胸怀全局，各个击破，曹操将其发挥得淋漓尽致。最终铲除了一个又一个的割据势力，将中国北方的权力集中到了自己的手中。而江东、西蜀诸雄，也就只能凭借天险和地利与曹操相峙了。

官渡之战时，曹操因为粮草问题非常着急。一天，他把总管全军粮草的粮官叫来，问他现有粮草还能支持几天。粮官说："照正常用法，只够支持两三天了。"

曹操沉吟了好一会儿，说："这件事务必严守秘密，一点儿不能泄露，不然的话，将士们听说没粮食吃了，必定惊惶不安，军心一乱，局面将不可收拾。另外，请你务必想出一个办法，用现有粮食多维持几天，只要坚持三天，我就能解决一切问题。"

粮官说："唯一的办法，是在分发粮食时不用大斗，一律改用小斗发放，这样能多维持几天。"曹操说："就按你的办法做吧。"粮官提出个问题："军士们吃不饱肚子，会产生怨心，那怎么处理？"曹操笑了笑说："我会有办法的。"

实行小斗分粮以后，曹操秘密派人去各营中观察士兵的反应，果然听见士兵们纷纷抱怨："饭都不给吃饱，这仗还怎么打！"有的人大喊："我们舍生忘死地打仗厮杀，长官不把我们当人看待，老子不干了！"

当天晚上，曹操把粮官叫来，对他说："我今天要借你一件东西，来稳定军心、平息怨气，你千万不要吝啬。"粮官问："丞相要借什么东西？"曹操说："我需要用你的头来示众。"粮官大吃一惊："我……我……我没犯什么罪。"

曹操说："我知道你没罪，但是不杀你示众，立刻就要发生兵变了，那时你我全都死无葬身之地。我不会忘记你今天这一大功，以后一定会妥善照顾你的妻子儿女。"

说完，不容粮官再开口，下令刀斧手把粮官推出帐外，就地斩首，用高竿挑着人头在营中示众，并张榜宣布："粮官克扣军粮，贪污自肥，今已依军法处决。"全军官兵见到布告和人头，都信以为真，打消了埋怨情绪。

曹操又趁机激励将士，做了美餐，饱吃一顿，下令倾全力向敌人发起总攻。经过一场血战，打垮了敌人，夺得了敌人的粮草辎重。一场危机就这样过去了。

西晋王沈在谈到曹操神奇的军事才能时说："其行军用师，大较依孙、吴之法，而因事设奇，谲敌制胜，变化如神。自作兵书十余万言，诸将征伐，皆以新书从事，临事又手为节度，从令者克捷，违教者负败。"这一番话是很中肯的。

曹操不但是《孙子兵法》诠解的先驱，在实用上更称得上是高手。每一次胜利几乎都有成功的战术运用伴随着，而在运用这些战术时又都能从实际情况出发，这又跟曹操贯彻"知己知彼，百战不殆"（《孙子·谋攻篇》）的军事原则、不打无准备之仗的做法有关。

曹操在和韩遂、马超作战时，正是出于这种知己知彼、百战不殆的考虑，才成功地实现了反间计。

反间计在古战场上数不胜数、屡见不鲜。它们的共同特点，就是调控他人的情绪，使之朝着有利于自己的方向发展，最后达到预期目的。使用反间计，其首要条件，就是引起敌方内部相互猜疑，并由相互猜疑发展至相互残杀。

西凉太守马腾和并州刺史韩遂曾"结为兄弟"，同受汉献帝密诏，分别拜为征西将军和镇西将军，讨伐李傕、郭汜。马腾之子马超当时年方十七，已英勇无敌，与韩遂以叔侄相称。马腾与侍郎黄奎等共同谋杀曹操，事情泄露，"皆被斩于市"。马超在西凉闻知消息，"哭倒于地"，咬牙切齿，痛恨曹操，刚好刘备派人送信来，称"备昔与令先君同受密诏，誓诛此贼。今令先君被操所害，此将军不共天地、不同日月之仇也"。他要马超"率西凉兵以攻操之右，备当举荆襄之众，以遏操之前"。马超便点起西凉军马，将要出发。

当时，韩遂为西凉太守，曹操曾向他许诺："若将马超擒赴许都，即封汝为西凉侯。"韩遂把马超请到府中，让他看曹操的书信。马超拜伏于地，说："请叔父就缚俺兄弟二人，解赴许昌，免叔父戈戟之劳。"韩遂将他扶起，表示："吾与汝父结为兄弟，安忍害汝？汝若兴兵，吾当相助。"并将曹操的使者推出斩首。

韩遂点手下八部兵马，与马超手下庞德、马岱，合起20万大军，征讨曹操。一路夺了长安，闯关斩将，杀得曹操割须弃袍而逃。曹操见马超"生得面如敷粉，唇若抹朱，腰细膀宽，声雄力猛，白袍银铠，手执长枪""不减吕布之勇"，曾非常感慨地"掷兜鍪于地"，说："马儿不死，吾无葬地矣！"

就是这样一个勇猛的战将，就是这样一对有生死交情的"叔侄"，刀丛剑树可能对付不了他们，曹操的计谋却离间了他们。可见情感力量有时的确比武力更厉害。

马超和曹操在渭水作战，曹操考虑到马超可以用计来破，便密令徐晃、朱灵渡河，在河西结营，造成前后夹击之势。西凉军前后受敌，韩遂的部将李堪建议说："不如割地请和，两家且各自罢兵。挨过冬天，到春暖别作计议。"韩遂听了李堪的话，便有割地求和之心，而马超尚在犹豫不决。韩遂就派遣部将杨秋到曹操寨前送信，说要割地求和。曹操表面上说："待我徐徐退兵，还汝河西之地。"内里已经和贾诩商量好，抓住这个机会，开始实施他的反间计。

马超也想到"曹操虽然许和，奸雄难测。倘不准备，反受其制"，所以和韩遂商量，两人轮流调兵：第一天马超和曹操对阵，韩遂与河西徐晃对阵；第二天则马超对徐晃，韩遂对曹操。

这一天，正好是韩遂和曹操对阵的日子。曹操引众将出营，左右围绕。他故意"并无甲仗，亦弃衣甲，轻服匹马而出"，在阵前"谨请韩将军会话"。不带仪仗，既表示随意，亦表示语涉机密，不希望有人在旁边；不穿铠甲，则表示不存戒心，深信不会受到伤害。这些信息传递给马超，它的意义就是：曹操与韩遂之间有某种默契，已非敌手。

然后，曹操与韩遂马头相交，各按辔对语，相谈有一个时辰，方回马而别，这更加是个可疑信息。它的关键问题是：在这一个时辰内，两人究竟谈了些什么？难怪韩遂一回营，马超连忙发问："今日曹操阵前所言何事？"

曹操不愧是个老谋深算之人，他有意与韩遂"只把旧事细说，并不提起军情"。这是不正常的，是违背情理的。此地是战场，绝没有在战场上只叙友情不谈别事的可能。所以，马超一听韩遂回答"只诉京师旧事耳"，立刻觉得不对头，反问说："安得不言军务乎？"然而，曹操真的没有"言军务"，这是说出来也没人肯信的，而韩遂却又不得不说，因为这毕竟是事实——曹操要的就是这个效果。果然，马超听后，"心甚疑，不言而退"。

心中有疑，应该嘴上发问，这意味着疑问还不算太大，持有疑问的一方还希望通过问答来消除疑虑，说明彼此还有一定的信任度。心中有疑问，却"不言而退"，标志着在马超和韩遂之间已产生了信任危机，马超已不指望通过向韩遂发问来释疑了。

从怀疑到发问，从发问到反问，从反问到不问，马超的情绪被曹操一步步调动起来，疑虑程度渐渐加深，形成了他和韩遂之间的第一道嫌隙。

为了火上浇油，曹操的谋士贾诩又献上一条"抹书计"。曹操采纳贾诩的建议，亲笔写了一封书信，"将紧要处尽皆改抹"，然后封好，故意多派几个人把信送到韩遂处。人多目标大，马超自然立刻知道，"径来韩遂处索书看"。

这次来要书信，马超的心理已有很大变化。曹操和韩遂在阵前的举动引起了马超的疑心。那时，他发问也好，反问也好，其基本心态是希望释疑，希望有充足的理由可以证明韩遂和曹操之间并无瓜葛。这意味着在他的内心深处，还是认为韩遂是清白的，只是期待证实罢了。当这一希望落空后，他对韩遂的看法就有了根本性的变化。其思维的基本立场从相信韩遂清白转变到了怀疑韩遂不清白。他来索要书信，不再是像先前一样，期待着要韩遂清白的证明，相反，是希望找到韩遂暗通曹操的证据。

曹操的"抹书"在这时候起到了非常重要的作用。马超看到信上有改抹字样，很自然就发问："书上如何都改抹糊涂？"韩遂据实回答："原书如此，不知何故。"韩遂尽管讲的是老实话，但是，面对一封涂抹得一塌糊涂的书信，说送来的时候就是如此，这就像一个顽皮的孩子面对一堆花瓶的碎片，对妈妈说它原来就是碎的一样，显得拙劣而可笑。韩遂既然没有足够的智慧识破曹操的诡计，就只能无奈地掉到曹操为他布置好的陷阱之中。

马超气愤地反问："岂有以草稿送与人耶？必是叔父怕我知了详细，先改抹了。"韩遂跳进黄河也洗不清，无奈之中竟笨嘴拙舌地顺着说："莫非曹操错将草稿误封来了？"令人格外觉得欲盖弥彰，被马超断然否定："吾又不信。曹操是精细之人，岂有差错？"从此心中已断定韩遂生了"异心"。

韩遂在曹操的计谋之下已无法用语言来证实自己的清白，只能提出："汝若不信吾心，来日吾在阵前赚操说话，汝从阵内突出，一枪刺杀便了。"可惜，心机周密的曹操，连这样的机会都不给他。次日，韩遂派人到曹操寨前高叫"韩将军请丞相攀话"。曹操让曹洪引数十骑径出阵前与韩遂相见。在相离数步的时候，曹洪就欠身对韩遂说："夜来丞相拜意将军之言，切莫有误。"说完回马便走，曹洪离得远远地和韩遂说话，曹操这样做，一是不给韩遂厮杀的机会；二是为了让马超听得清楚。至此，曹操的反间计大功告成。马超果然"听得大怒，挺枪骤马，便刺韩遂"。尽管五将拦住，劝解回寨；尽管韩遂表白说："贤侄休疑，我无歹心。"马超却不信，"恨怨而去"。

马超"倚仗勇武"，早就引起了韩遂部下的不满，他的怨恨更使韩遂和他的手下感到害怕。于是，他们真的约定暗投曹操，里应外合，共谋马超。马超探知底细，先发制人，带领几名亲随，偷偷潜入韩遂帐中。韩遂与五将正在密语，马超挥剑直入，剑光过处，鲜血溅飞。西凉兵自相残杀，曹操兵乘机追杀，战到最后，马超的随从只有三十余骑，与庞德、马岱往陇西临洮而去。韩、马反目，鹬蚌相争，渔翁得利，曹操收兵回长安。

曹操之所以能玩弄韩遂、马超于股掌之上，正如他自己对西凉兵所说："非有四目两口，但多智谋耳。"他的智谋，就是调控他人情绪。在"阵前对话"后，马超曾问韩遂："安得不言军务乎？"韩遂的回答是："曹操不言，吾何独言之？"韩遂根本没想到，自己的情绪已经被曹操所影响了。

无疑，曹操的挑拨离间是成功的。他知道马超的父亲马腾和韩遂是结义兄弟，韩遂又曾把他的策反信送给马超，马、韩之间的关系绝非一般的手段能够破坏的。鉴于马、韩之间有这种比较牢固的关系，曹操根据马超有勇无谋的特点，不断制造自己和韩遂关系日益密切的假象。开始马超并不相信韩、曹有特殊关系，但随着曹操不断栽赃陷害韩遂，韩遂又有口说不清，马超就越来越相信韩、曹之间有某种勾当了。于是，马超终因难辨真伪而与韩遂发生了内讧。

　　曹操的目的达到了，他通过离间马超与韩遂，反败为胜，除掉心腹大患。行军打仗，如果不精通兵法，不重视谋略，将必败无疑。曹操之所以能处处占得先机，时时夺取政治和军事上的主动权，就是因为他"能断大事"，善于审时度势，多谋善断。以诡诈之道赢得了一场又一场战争的胜利，这就是曹操能在三国群雄中脱颖而出的关键所在。

第十节　治军以法

　　在平定战乱、消除割据的战争中，建立一支纪律严明、战斗力强的军队是至关重要的。如果没有一支军纪严明的军队，恐怕连自身的生存都将成为问题，其他的一切更无从谈起。为了建立一支这样的军队，曹操耗费了大量的心血，其中最重要的措施，就是以法治军。

　　晋代傅玄《傅子·治体》曰："治国有二柄，一曰赏，二曰罚。赏者，政之大德也。罚者，政之大威也。"即治理国家有两个最基本的东西：一个是通过奖赏来激励百官，体现当政者的大德；另一个是通过惩罚来约束百官，体现当政者的威严，这两者都是控制人的手段。

大功大赏则是曹操行赏罚的一大特色，曹操奖赏张辽在天柱山勇破陈兰就体现了这一点。陈兰、梅成据六县反叛。曹操派于禁、臧霸去讨伐梅成，张辽监督张郃等讨伐陈兰。梅成假意降于禁，于禁因此退兵。梅成率领他的部下投奔陈兰，转入潜山。潜山中有座天柱山，山势陡峭，高二十余里，道路艰险狭窄，步行只能一人通过。陈兰在山上安营，张辽想进攻，众将说："咱们兵少，道路艰险，不能深入攻敌。"张辽说："咱们和他们一个对一个，正所谓势均力敌，只有勇猛的人才能取胜。"于是在山下，安营扎寨，然后进攻，最后杀了陈兰、梅成，俘虏了他们的部下。曹操后来论功行赏时说："登天山，履峻险，俘获兰、成，是荡寇将军张辽之功。"于是给张辽增加食邑，并给他持节，可在军中先斩后奏。个人有功，奖赏个人，集体有功，则慰劳全体。这是曹操行赏罚的又一个重要特征。

这次军事行动，全军在山区行进了将近千里的路程，爬山越岭，经历了不少艰难险阻，但最终夺取了胜利。曹操非常高兴，大摆宴席慰劳全军将士，大家无不兴高采烈，多日的辛劳，一下子被抛到了脑后。

当曹彰要率军北征乌桓时，曹操嘱咐他，要按王法从事，对他说："我和你在家为父子，受命为君臣，行动时要按王法从事，你应该慎重。"曹彰北征，进入涿郡界内，叛胡数千骑突然到来。当时兵马还未集合，只有步兵千人，骑兵数百。曹彰听从田豫的建议，坚守要害，敌人才退走。曹彰追击敌人，与敌人厮杀，作战半天，铠甲上中了数箭，斗志却更加激昂，乘胜追击，到了桑乾，离代郡二百多里。长史和诸将都认为兵马刚刚经过长途跋涉，劳顿不堪，又有上面的命令，不许过代郡，所以不同意深入代郡。

曹彰却说:"率领军队进兵,哪里能取胜就去哪里,还管什么命令,胡人逃走未远,若追击一定能打败他们。听从上面的命令,放走敌人就不是良将。"于是上马,命令军士说:"后退者斩首。"奔走了一天一夜追上敌人,大破敌军,斩获俘虏数以千计。曹彰于是赏赐将士,部下都非常喜悦。可是回到营地后,曹操对于曹彰这种无视军法的行为极为不满,打算要以军法处置。幸亏有众多将领求情,再加上这次作战曹彰有功,曹操才勉强放过了他,否则,当以重罪处之。

曹操在建立军队之初,就十分重视赏功罚过的问题,每次战斗结束,都不忘记及时进行总结,对有功的将士或表彰或封赏,对有过的将士视情节轻重进行批评、惩处。建安十二年(公元207年)二月,曹操在消灭了北方最大的割据势力袁绍集团并完成北征乌桓的准备工作之后,还曾下令大封功臣,其令云:

> 吾起义兵,诛暴乱,于今十九年,所征必克,岂吾功哉?乃贤士大夫之力也。天下虽未悉定,吾当要与贤士大夫共定之;而专飨其劳,吾何以安焉!其促定功行封。

曹操从中平六年(公元189年)在陈郡己吾起兵讨伐董卓,到建安十二年(公元207年)一共19年。这19年是曹操取得大发展、大成功的19年。曹操在回顾这一段历史的时候,内心充满欣喜、自豪之情,同时也清醒地认识到,他的成功并不是靠他一个人的力量,而是靠广大将士谋臣的努力;同时还清醒地认识到,统一大业远远没有完成,还必须继续依靠广大将士谋臣的努力。正是基于这一认识,曹操感到自己不能独享功劳,而应与大家一起分享。这一次,共有二十多位功臣被封为列侯,其余的人也都按功劳大小分别被给予了奖赏。

对功劳特别大的荀彧、荀攸二人,曹操还专门进行了嘉奖,他下令说：

> 忠正密谋，抚宁内外，文若是也。公达其次也。

意思是忠诚正直，周密谋划，安定朝廷内外，荀彧就是这样的人，而荀攸则仅次于荀彧。荀彧在建安八年（公元203年）已被曹操表封为万岁亭侯、食邑千户。这次曹操又上了《请增封荀彧表》，为之增加封邑千户，合二千户。荀彧坚决辞让，曹操又写了《报荀彧》，责备荀彧"前后谦冲，欲慕鲁连先生乎？此圣人达节者所不贵也"，认为荀彧反复谦让莫非是想学战国时再三辞封的鲁仲连吗？而这是节操上通达的圣人所不看重的。荀彧推辞不过，这才接受下来。曹操还打算表荐荀彧为三公，荀彧让荀攸出面一再推辞，达十次之多，曹操这才未再坚持。建安十年（公元205年），荀攸被曹操表封为陵树亭侯，食邑三百户，这次增邑四百户，转为中军师。

在封赏功臣的同时，曹操还表达了对于死难将士的缅怀之情，特地下令免除死难将士遗孤的徭役赋税，并把自己封地的租税收入，分给他们以及众将、属官和入伍较早的士兵。

他在《分租与诸将掾属令》中说：

> 昔赵奢、窦婴之为将也，受赐千金，一朝散之，故能济成大功，永世流声。吾读其文，未尝不慕其为人也。与诸将士大夫共从戎事，幸赖贤人不爱其谋，群士不遗其力，是以夷险平乱，而吾得窃大赏，户邑三万。追思窦婴散金之义，今分所受租与诸将掾属及故戍于陈、蔡者，庶以畴答众劳，不擅大惠也。宜差死事之孤，以租谷及之。若年殷用足，租奉毕入，将大与众人悉共飨之。

赵奢为战国时赵国名将，因大破秦军，赵惠文王封他为马服君，并给予赏赐，他将赏赐全部分给了部下。窦婴为汉景帝时大将，因平定吴、楚等七国之乱，得到赏金千斤，他将赏金放在廊檐下，让部下自取。曹操表示要向他们学习，将自己三万户封邑内所收到的租税分给大家，共同享用。对死亡将士的遗孤，要评定等级，分给租谷。在这之前，建安七年（公元202年）正月，曹操在《军谯令》中说：

> 其举义兵以来，将士绝无后者，求其亲戚以后之，授土田，官给耕牛，置学师以教之。为存者立庙，使祀其先人。魂而有灵，吾百年之后何恨哉！

在这之后，建安十四年（公元209年）七月，曹操又在《存恤吏士家室令》中说：

> 自顷以来，军数征行，或遇疫气，吏士死亡不归，家室怨旷，百姓流离，而仁者岂乐之哉？不得已也。其令死者家无基业不能自存者，县官勿绝廪，长吏存恤抚循，以称吾意。

曹操对死亡将士及其家属表达了悯念之情，甚至对因年纪轻轻战死沙场而"绝无后者"的情况也作了妥善安排。这些措施，不仅体现了曹操的人道主义精神，也对激励生者、鼓舞士气起着不可低估的作用，这是曹操采取这些措施的根本目的所在，其作用同直接进行奖励封赏是一致的。

除将自己封邑内的租税分给大家外，平常攻城拔邑所缴获的贵重之物，曹操也用来赏赐给有功之臣；四方贡献来的财物，他也常与大家共同分享。当然，曹操并不搞平均主义，勋劳宜赏，不吝千金，无功望施，则分毫不给。建安八年（公元203年）。曹操在《论吏士行能令》中说：

> 未闻无能之人，不斗之士，并受禄赏，而可以立功兴国
> 者也。故明君不官无功之臣，不赏不战之士。

曹操表示一定要以有无功劳作为给予爵禄和奖赏的标准，决不任用没有功劳的臣属，不奖赏不肯作战的士兵。无论亲疏贵贱，都决不滥施奖赏。这对于杜绝弊端，真正激发将士争相立功的热情，无疑具有重要的作用。

另一方面，有了功劳而拒绝封赏也不行，这也从一个侧面反映了曹操明正法令的精神。曹操不准荀彧辞封是其中一例，而不准田畴辞封是其中最为突出的。

曹操北征乌桓，田畴作出了很大贡献。从柳城回来后，曹操论功行赏，表封田畴为亭侯，食邑五百户。但田畴认为当初逃到徐无山中是为了避难，没能替旧主幽州牧刘虞报仇，"志义不立"，就不应该再享荣誉了，因而坚决辞谢封爵。曹操体谅田畴的至诚之心，也就不再勉强，还特地下了一道《听田畴谢封令》：

> 昔伯成弃国，夏后不夺，将欲使高尚之士，优贤之主，
> 不止于一世也。其听畴所执。

这是说以前伯成放弃诸侯的职位，夏禹没有强迫他改变志愿，因此自己也不勉强田畴接受封爵。但南征荆州北归后，曹操又意识到这样做不妥，他说："这样做是满足了一个人的志向，但却违反了论功行赏的国家制度。"

于是他又下了一道《爵封田畴令》，认为"出入三载，历年未赐，

此为成一人之高。甚违王典，失之多矣。宜从表封，无久留吾过"，仍要田畴接受原来的封爵。但田畴仍然坚决辞让，甚至表示宁死也不接受。曹操也不肯让步，再三要田畴接受，田畴还是不答应。这样一来，引起朝中主管官员的不满，上表弹劾田畴，说他狭隘自守，不明大道，只要小节，不顾大局，应当将其撤职，给予法律制裁。曹操倒还冷静，他考虑了很久，最后让其子曹丕和众大臣去讨论这件事。曹丕认为田畴这样做，同春秋时子文辞让爵禄和申包胥逃避赏赐是一样的行为，不应当强夺其志。相反对其节操还应予以表彰。荀彧、钟繇赞同曹丕的意见。但曹操还是不死心，他知道夏侯惇同田畴要好，于是让夏侯惇去做田畴的工作，嘱咐说："你去找田畴聊聊，注意用情去感化他，同时也要说清道理，你只说是你的意见，不要说是我让你去的。"

夏侯惇遵命前往，晚上就在田畴那里住了下来。当田畴明白了夏侯惇的来意后，就不再开口说话。夏侯惇临别，拍着田畴的背说："田君，主上情意这么深厚，你就不能考虑一下吗？"田畴听了，立即正色说道："你怎么能这么说呢？我不过是一个负义逃窜的人而已，能够蒙受朝廷恩典活下来就已经很不错了，难道我能卖掉卢龙塞来换取赏赐爵禄吗？即使国家对我独加恩宠，难道我内心就不感到惭愧吗？将军你是了解我的，如果一定要逼我接受，我就只有死在将军面前了！"

话还没说完，眼泪就流了满脸。夏侯惇赶紧去向曹操作了汇报。曹操知道田畴不可能再改变主意，只得长长地叹息了一声，将田畴任命为议郎了事。

曹操封赏田畴，表现了他锲而不舍的精神。这表明，曹操对论功行赏抱着极为严肃的态度，这一制度无疑得到了认真的贯彻执行。

又如，何夔在司空府任职，因曹操"性严，掾属公事，往往加杖，夔常蓄毒药，誓死无辱，是以终不见及"。何夔是一条硬汉子，认为"士可杀不可辱"，身藏毒药，一旦公事出错，受杖责之前即服毒自尽。也许正因为他爱惜生命才以毒药自戒，所以为官一生从不出错。

曹操最为欣赏这样的义气之士，因此在何夔死后还对其嘉奖以示悼念。

宛城一战，曹操大败。事后他深刻地总结了经验教训，认为失败的主要原因在于自己平时放松了对军队的严格管理，致使执法不严、军心涣散，士卒不知有法，临阵溃散。为此，他重新制定了一套行军作战纪律，制定了不少具体法令。如《军令》：

> 吾将士无张弓弩于军中，其随大军行，其欲试调弓弩者，得张之，不得著箭。犯者鞭二百，没入。吏不得于营中屠杀卖之，犯令，没所卖，及都督不纠白，杖五十。始出营，竖矛戟，舒幡旗，鸣鼓。行三里，辟矛戟，结幡旗，止鼓。将至营，舒幡旗，鸣鼓，至营讫，复结幡旗，止鼓。违令者髡翦以徇。军行，不得斫伐田中五果桑拓棘枣。

又如《船战令》：

> 雷鼓一通，吏士皆严。再通，什伍皆就船，整持橹棹，战士各持兵器就船，各当其所。幢幡旗鼓，各随将所载船。鼓三通鸣，大小战船以次发，左不得至右，右不得至左，前后不得易处。违令者斩。

再如《步战令》：

严鼓一通，步骑士悉装；再通，骑上马，步结屯；三通，以次出之，随幡所指。住者结屯幡后，闻急鼓音整阵；斥候者视地形广狭，从四角而立表，制战阵之宜；诸部曲者，各自安部陈兵疏数；兵曹举白。不如令者斩。兵若欲作阵对敌营，先白表，乃引兵就表而阵。临阵皆无喧哗，明听鼓音，旗幡麾前则前，麾后则后，麾左则左，麾右则右。麾不闻令，而擅前后左右者斩。伍中有不进者，伍长杀之；伍长有不进者，什长杀之；什长有不进者，都伯杀之。督战部曲将，拔刃在后，察违令不进者斩之。一部受敌，余部不进救者斩。临战兵弩不可离阵。离阵，伍长什长不举发，与同罪。无将军令，妄行阵间者斩。临战，阵骑皆当在军两头；前陷，阵骑次之。游骑在后。违令见髡鞭二百。兵进，退入阵间者斩。若步骑与贼对阵，临时见地势，便欲使骑独进讨贼者，闻三鼓音，骑特从两头进战，视麾所指，闻三金音还。此但谓独进战时也。其步骑大战，进退自如法。吏士向阵骑驰马者斩。吏士有妄呼大声者斩。追贼不得独在前在后，犯令者罚金四两。士将战，皆不得取牛马衣物，犯令者斩。进战，士各随其号。不随号者，虽有功不赏。进战，后兵出前，前兵在后，虽有功不赏。临阵，牙门将骑督明受都令，诸部曲都督将吏士，各战时校督部曲，督住阵后，察凡违令畏懦者斩。有急，闻雷鼓音绝后，六音严毕，白辨便出。卒逃归，斩之。一日家人弗捕执，及不言于吏，尽与同罪。

这些规定，也可以说是条例，虽看起来不免琐碎，但总体说来还是必要的。如规定将士在军营中不许拉开弓，在大军行进的时候，如想调试，可以拉开弓，但不准搭上箭，这显然是为了避免造成误伤。部队刚开出军营的时候，要举直矛头，展开旗子，擂鼓，走出三里后，才可以比较随便地斜扛矛和卷起旗子，停止擂鼓，这无疑是为了保持军容的严整，同时给驻地民众留下一个良好的印象。登上战船前擂第一通鼓作为准备；擂第二通鼓，什长、伍长都登上战船，整理好橹和桨，战士手持武器上船，各就各位；擂第三通鼓，大小战船按规定次序出发，左边的不能到右边，右边的不能到左边，前后的次序也不准更动，这显然是为了保持战斗动作和队形的井然有序。这些对于提高部队的战斗力都是不可缺少的。

曹操实行严刑峻法，对任何人都不例外。甚至连他自己犯了法，也要做一点自惩的表示。

建安三年（公元198年）三月，曹操第三次进军并围攻张绣的根据地穰县。途中见路旁的麦子已熟，百姓因为知道有部队要来，都逃避在外，不敢割麦。曹操为了树立自己"天子之师"的形象，下令三军："全体将士不得践踏麦子，违令者斩！"并叫人四处宣传，遍谕村中父老及各处守境官吏，说："我们是奉天子明诏，出师讨伐逆贼，为民除害的。如今麦子成熟，不得已路过此地，大小将校，凡过麦田，有践踏麦子的，都要斩首。军法很严，你们不要惊疑。"

民以食为天，百姓听到这样的宣传，无不欢喜称颂。部队走过麦田，也都很小心，遇到麦子茂密的地方，唯恐碰坏麦子，都下马用手扶麦，一个递给一个地传送而过，不敢践踏。

不料，麦田里突然飞出一只斑鸠，猛地扑撞在曹操的战马身上，战马受惊，又踢又叫地窜入麦田，曹操连忙勒住缰绳，但是，已经有一片麦子被踏坏了。曹操很是为难，命令是自己下的，不能不以身作则。于是，他立即下令全军停止前进，叫来行军主簿，问："按照规定应该定什么罪？"主簿迟疑了一会儿说道："你是一军之主，不能受刑罚。再说，这是因为战马受惊，并非有意，与你无关。"

"不，"曹操严肃地说，"我自己发布的军令，自己怎么能不执行呢！"说着就要拔剑自刎，被众人拦住。就在犯难的时候，郭嘉机灵地站了出来，他说："古者《春秋》之义：法不加于尊。丞相总统大军，岂可自戕？"

好一个"法不加于尊"，郭嘉真不愧是聪明人，难怪曹操如此欣赏他，他给了曹操一个可以体面下台的台阶。

曹操见主簿不愿定罪，郭嘉又给了自己一个台阶，沉吟良久，拔出佩剑，说："我身为主帅，不可自杀。但以发代首，作为刑罚。"说完，挥剑割下一把头发，扔在地上。

在当时，割发也是一种刑罚。曹操割发代首的事一传开，全军上下无不震动，百姓也都称赞他。同时，士兵们对各项军令的执行也都更加严格。

曹操对各种人物，尤其是基层官兵的心态，是颇为了解的。曹操明白，决定他胜败的关键在于自己手下数以万计的官兵。因此，曹操在爱护官兵的同时，也严格要求官兵。

自春秋以来，历代统治者无不强调"法不加于尊""刑不上大夫"，公开宣扬统治者可以超脱法制的管束。而作为一军主帅的曹操，在战马受惊、无意中践踏麦田之后，却能清醒地认识到自己不能执法犯法，否则难以服众，并采取割发代首的方式自惩，这种严于律己的精神，还是难能可贵的。

不过，曹操的一些法令对于士兵过于严酷，有的甚至不近情理。如《步战令》规定士兵私逃回家的斩首，超过一天，其家人不把他抓起来，也不向官府报告的，与之同罪，也同样要遭到斩首的处罚。这里不免会产生一个问题：如果士兵逃跑后并没有回家，"超过一天"后怎么办呢，就把其家属杀掉吗？这显然是不近情理的。这种做法虽并非曹操首创，但在曹操手里却有了某些发展。如按旧法，士兵逃亡后处死其妻子，但曹操却担心这样做仍不能杜绝士兵逃亡，还要进一步加重处罚。

有一个叫宋金的士兵逃亡，家中有母亲、妻子及两个弟弟，执法官奏请全部杀掉。后来还是高柔说，士兵逃亡后也有后悔的，如果不杀其家人，他还有可能回来，如果杀了他的家人，他倒要死心逃亡了。曹操这才没有杀宋金的母亲和弟弟，但妻子还是被杀掉了。此外，还有执法不公正及仅凭一时好恶滥杀无辜的情况，这些，反映了曹操性格中残忍的一面。

曹操能够按王法行事，确实是他能够成就霸业的一个重要因素。曹操在死前也深以为然，在他的遗嘱当中就有"我在军中依法办事是对的，至于小的愤怒、大的过失，不应当效法"的话。

第四章

治世能臣

第一节　屯田

东汉末年，连年的战争造成了人民大量流亡。与战争结伴而行的瘟疫，又使大量流亡百姓的生活雪上加霜。大量的死亡和流徙，使得中原地区人口锐减。原来最富庶、最繁华的地方，大抵也是后来战争进行得最为激烈的地方，因而也就是人口减耗最为突出的地方。东都洛阳、西都长安，原来人烟稠密，后来都被战争破坏得荒凉不堪，甚至到了路断人稀的地步。

曹操是一位军事家，也是一位政治家，当他面对社会经济萧条、军中无粮的险境时，适时地推出了屯田政策，从而使农村经济迅速得到了恢复与稳定，使"州里萧条"，人口"十不存一"的中原地区，出现了"数年中，仓储积粟，所在皆满"的景象，这不但在一定程度上解决了军粮问题，也使大量流离失所的农民重得生计，使北方的农业得到了恢复，而且为曹操进一步统一北方，奠定了可靠的经济基础。

劳动者是生产力中起主导作用的因素，人民的大量死亡，直接导致了社会生产力被严重破坏。加之人民流落四方，脱离土地，使得劳动力缺乏的问题变得更加突出。在这场劫难中，首当其冲的自然是农业，而农业是当时社会经济的支柱，农业遭受严重破坏，工商业也就随之凋敝下来。农业遭受严重破坏的标志，是农业劳动力锐减、大量土地荒芜、无人耕种，出现了地广人稀、地无常主甚至无主的局面。由于战乱连年，水利失修，旱灾、蝗灾等自然灾害频繁，一些已经耕种的土地，也往往颗粒无收，或者收之不多。这样，就发生了全局性的缺粮问题：粮价飞涨。长安在李傕、郭汜混战期间，谷一石卖到50万钱，豆、麦卖到20万钱；幽州谷一石，钱10万。在更多的情况下，甚至是无粮可卖，无粮可买，形势到了十分严峻的地步。

面对严重的粮荒，深受其害的自然首先是贫苦的百姓。在多数情况下，老百姓甚至连野菜也难以找到，只有饿死。在河南、河北、关中、江淮等地，还一再发生人吃人的现象，死者白骨堆积，恶臭满路。老百姓因无粮而饿死，劳动力锐减，反过来又加重了土地荒芜、粮食无收的现象，形成了一种恶性循环。

自从董卓之乱到曹操迎帝迁都，这七八年时间里，由于战乱不断，人民流亡，土地荒芜，农业生产遭到极大的破坏，加上水、旱、虫灾，到处都发生严重的饥荒，不仅老百姓活不下去，就连各军阀的部队都普遍缺乏军粮。袁绍原拥有以粮食富足闻名的冀州，但军队仍常常需要以桑椹为食。袁术在江淮，没有军粮，只好让士兵拾蛤蜊、摸河蚌糊口。公孙瓒的部将田楷在青州，因与袁绍连战两年，粮食吃尽，掳掠百姓，弄得野无青草。由于缺乏粮食，无故而自溃的小军团更数不胜数。

曹操也曾多次遭到粮荒的困扰。他第一次东征陶谦，就因粮食困难，不得不中途退兵。他同吕布争夺兖州，在淮阳一带同吕布相持一百多天后，粮食也出现了短缺问题。他命程昱筹粮，程昱在自己县里搜刮到3天的军粮，干肉里还杂有人肉在内。后来，曹操终于因粮食接济不上，不得不下令撤退。

粮食短缺问题已严重到如此地步，到了非解决不可的时候了。然而，单靠一般的手段，或采用通常的发展农业生产的办法，是不可能解决燃眉之急的。必须采用行之有效的非常手段，将劳动力和土地结合起来，以获得最大的效益。但是怎样才能尽快地解决军粮问题呢？曹操自从迁都之后，一直在考虑这个问题。他召集部下商议，部下提出了各种建议，但又都被一个个否定了。有人主张派军队到兖州运粮，但是兖州那里不是同样在闹饥荒？有人建议派精兵到各处去征粮，可是各地都差不多，老百姓也没有什么粮可以征交。看来只有模仿袁绍、袁术靠挖野菜、拾河蚌度日了。但是几十万军队，怎么能靠吃这些东西来打仗呢？

这时，典农中郎将任峻向曹操建议道："听说枣祗来许都了，主公不妨听听他的意见。"

曹操眼睛一亮，大声问道："真的？枣祗来许都了？！"

这枣祗到底是何许人也，竟使得曹操这么雀跃？原来，枣祗本姓棘，因其先人避难，改姓枣。早年随曹操起兵讨董卓，东征西讨，屡建奇功。袁绍发现他是个人才，曾想把他拉过去，没能办到。曹操初到兖州，任命他为东阿令，吕布之乱时，他坚守东阿。曹操在兖州时，枣祗任东阿太守。有一次曹操出征吕布，眼看粮尽了，正巧枣祗从东阿运来了一大批军粮，才打败了吕布。枣祗为巩固根据地发挥了重要作用，难怪曹操会这么高兴。

枣祗来到了曹操的大营，曹操向其陈说现在的形势。枣祗起身道："我也正是为此事而来，听说许都现在粮食很紧张，全靠粮道运输，万一粮道被断，岂不……"

曹操点头称是，他说："是啊，这绝非长远之计，何况其他地方也不一定能寻到粮食。"

枣祗笑道："其实，主公不必担心，我建议就地取材便可！"

"就地取材？"曹操甚是疑惑不解。

枣祗开始侃侃而谈，他说道："现在许都附近，大量土地荒芜，只要有人耕种，不愁没有粮食。至于耕种的人，也好解决，许都周围有上万军队，那些收编的黄巾军士兵，他们都是青州一带农民，种田是他们的本行，主公何不让士兵屯田。"

曹操在大营踱起了步子，他心想：屯田需要时间，而眼下是时不我待。可是他转念又一想，不屯田又有什么更好的方法呢？前思后想之后，他终于采纳了枣祗的建议。

曹操从当时的实际情况出发，于建安元年（公元196年），宣布实行屯田，他任命枣祗为屯田都尉，同任峻一起主管屯田大事。

其实，早在初平三年（公元192年）曹操刚做兖州牧时，治中从事毛玠就提出了两条重要建议：一是要奉天子以令不臣；二是要修耕植以蓄军资。对这两条建议，曹操当时就极力赞赏，并积极创造条件施行。经过努力，曹操首先做到了第一条，将汉献帝迎到了许都。现在，他要开始执行第二条了。

修耕植以蓄军资，其中心任务就是要通过发展农业生产，增加粮食收成，解决十分紧迫的军粮问题。民以食为天，没有粮食，便得不到人心。粮乃军政之血命，粮足，则可安天下。军队缺乏粮食，不仅战斗力会被削弱，连自身的生存都将成为问题。面对这种严酷的现实，曹操深深体会到要战胜强敌，完成统一大业，必须首先解决粮食问题。只有解决了军粮问题，才能不断地增强自身的战斗力，在群雄角逐中站稳脚跟，进而消灭对手，最终才能实现统一大业。

几天后，曹操就颁发了《屯田令》："夫定国之术，在于强兵足食。秦人以急农兼天下，孝武以屯田定西域，此先代之良式也。""良式"，良好的榜样。秦孝公时，用商鞅变法，厉行耕战，加紧发展农业生产，实现了强兵足食，终于统一天下。汉武帝时，为了巩固西北边防，抗击匈奴侵扰，曾在东起朔方、西至令居的大片地区设置屯田，调动大量戍卒屯垦。平定西域后，又在西域屯田，就地解决军粮问题，省却了许多转运之劳，对平定西域发挥了重要作用。曹操认为这些做法都很值得借鉴，这样做可以使兵力强盛，粮食充足，达到安定天下的目的。曹操正是在充分吸取历史经验的基础上，作出推行屯田这一重要战略决策的。

屯田制度其实在汉武帝时已经有了，《汉书》里便有在边境及西域地区屯田的记载，不同的是，汉武帝是在西北边疆地区实行屯田，曹操则是在中原地区实行屯田；汉武帝实行的是军屯，曹操最初主要实行民屯，后来才又逐步扩展到军屯。这些都是从实际情况出发作出的变通。如果不知变通，墨守成规，屯田事业是不可能在中原地区蓬勃发展起来的。

政令发出之后，招来许多流亡的农民，曹操把一些无主的土地贷给他们耕种。屯田的农民叫作"屯田客"，一律按照军事组织进行严格的编制，不准随便离开土地，还专门建立了管理体系，设置专职官吏，中央设大、小司农，大郡设典农中郎将，小郡设典农校尉，县设典农部尉和屯司马。每个屯司马管理屯田客50人。

屯田制刚开始推行的时候，自然也困难重重。在土地的分配、农具及种苗的提供、收获课税的计算上，经常出现争执。一度连荀彧都提出重新检讨的建议，幸赖枣祗的坚持，力排众议，终能逐步推行；曹操为其热情及真诚感动，给予无条件的支持，使屯田政策获得空前成功。

屯田分为"军屯"和"民屯"两种。军屯是由驻军在战争后的农地进行垦植。四年前收编的青州黄巾党人，几乎全是农民出身，在军屯方面发挥了颇大的作用。民屯是招募流亡的难民及当地的百姓耕种，由政府出租耕地及种苗，需要向政府借公家耕牛的，收获的谷物中六成归公；利用自己耕牛及耕具的，五成归公。和古代的什一税制比起来，这是相当苛刻的；不过东汉年间，在官田耕种的农奴本来就要交五成的课税，所以一般农民还可以接受。何况，在长期的战乱中，"田无常主，民无常居"。安土重迁的农民，连起码的生活条件也没有，政府既能开放地区的土地，又为他们维持社会秩序，自然再好不过了。

屯田开始推行时有强制性，按照军队规定，士兵逃亡，杀其妻子抵罪；农民逃亡或抗税，也要受到严酷处罚。结果士兵、农民逃亡和起义还是不断发生。曹操感到这样效果不好，于是又采纳部下建议，实行自愿原则，管理上也有所放宽，凡愿意参加屯田的就吸收，不愿的也不勉强。经过一段时间的实施，反而吸引了越来越多的流民，从而使屯田制度得到了巩固和发展。

说曹操实行屯田是无奈之举，其实这也不是绝对的。从当时的情况来看，只有曹操拥有了实行屯田的必要条件。

曹操将吕布从兖州赶走后，兖州成了自己的根据地。迎献帝都许后，又将势力范围从兖州扩大到豫州，许都成为政治中心，许都周围地区被曹操牢牢控制，为在这一地区实行屯田创造了良好的外部环境。

人民大量死亡和流亡使大量土地荒芜，这些荒芜无主的土地便成为公田，谁有力量就可随意屯垦种植。这是曹操的第二个优势。

初平三年（公元192年）曹操击败青州黄巾军，收降三十余万人，同时得到了跟黄巾军一起行动的百余万人口，从而为曹操所需的劳动力提供了保证。这些人多是黄巾军的家属，不论男女老少，都是有相当生产经验和劳动技能的劳动力。建安元年（公元196年），曹操又击败了汝南、颍川黄巾军何仪、刘辟、黄邵、何曼等部，迫使其中不少人投降，进一步增加了劳动力。此外，屯田兴办起来后，还可以进一步招募流亡的农民。

由于曹操先后镇压招抚了青州、汝南、颍川的黄巾军，因而也就同时从他们手中掠夺到不少农具和耕牛。

这样，土地、劳动力、农具、耕牛都有了，生产力的基本要素大体上齐备了，屯田也就水到渠成了。曹操后来在表扬枣祗的令文中说："及破黄巾，定许，得贼资业，当兴立屯田。"很清楚地表明了兴办屯田和所谓"贼"之间的关系。没有黄巾军提供的劳动力和劳动资料，兴办屯田很可能会成为一句空话。

功夫不负有心人。屯田的第一年便收获100万斛谷。初战告捷，振奋人心，曹操立即下令推广屯田，在各郡、国中都设置了屯田官，没几年这些地区都积贮了粮食，很多粮仓被装得满满的。据《三国志》记载，年年丰收，仓库全满，人民不再饥饿，军队也不再缺乏粮食，这个功劳，起于枣祗，并由任峻完成。

曹操征伐四方，再也不用为缺粮问题而发愁了。对屯田贡献最大的枣祗，不幸于建安六年（公元201年）病逝，曹操感其功劳，特追封他为陈留郡太守，并赐爵位给其子。

几年后，曹操让司空掾属国渊主管全国的屯田事宜，国渊多次陈述利弊，选择合适的土地安顿屯田农民，根据人的多少设置屯田官，宣布对屯田官的考核办法，调动了屯田农民的积极性，只用短短的五年时间，就使粮食产量大增，将屯田事业又向前推进了一步。

建安二十三年（公元218年），曹操根据司马懿的建议，在建立民屯的基础上，又在一些军事驻地建立军屯，组织士兵生产，建立了"且耕且守"即一面戍守、一面务农的体制。军屯保持着原有的军事体制，以营为生产单位，其屯田事务最初可能由典农中郎将或典农都尉代管，后来由大司农委派的司农度支校尉和度支都尉专管。军屯的建立，对于开垦荒地、减轻农民养兵运粮的负担，起了积极的作用。

除大力推行屯田外，曹操对非屯田区域的农业生产也抓得很紧，采取了一些鼓励措施。当时地广民稀，未垦殖的荒地很多，曹操竭力督促荒地的开垦，按照各州郡的户口数目比较垦田的多少，以此作为赏罚地方官的标准。

屯田政策的推动，自然伴随着水利的兴建，在东汉末年战乱期间，肯腾出人力、物力去修河堤、建桥梁、疏川流、挖沟渠，从根本上改善、发展民生经济的政治领袖，曹操大概是第一人了。

由于长期以来水利失修，以致水、旱、蝗灾不断的情形，曹操也给予了关注，从屯田的第二年开始，曹操修建了许多水渠。他亲自领导、治理睢阳渠，他任命的州郡长官也都十分重视农田水利建设，扩大屯田，推广种稻，战胜干旱。这其中有在今河南商丘境内修筑的华阳渠，有在淮南地区修筑的芍陂、茹陂、七门、吴塘等水渠，有在今河南南部开通的贾侯渠，有在今安徽宿县一带兴建的郑渠，有在今河南陈留境内修筑的太寿渠，有在今河南北部修筑的沁水石门渠，有在今河北境内修筑的戾陵堰、车箱渠，有在今河南淮阳一带修筑的淮阳、百尺二渠，有在今陕西南部修筑的成国渠、临晋渠，等等。这些水利工程遍及整个中原地区，西至关、陕，北至幽、冀，规模较大，大都发挥了良好的效益。这些水利工程，很多是在广开屯田的要求下兴修的，可以说没有屯田事业的发展，也就不会有水利事业的繁荣。而这些水利工程的建成，又不仅仅是屯田区获益，同时也有利于周围非屯田地区农业的恢复和发展。

此外，建安九年（公元204年）至建安十一年（公元206年）间，曹操为便利军事运输，还开凿了白沟、利漕渠、平房渠、泉州渠等工程，把整个河北平原的各大水系连在一起。这些工程在水利灌溉方面也发挥了一定作用。

农业的发展带动了手工业的发展。由于战争对兵器的需要，也由于农业生产的恢复需要大批铁制农具，冶铸业获得了很大生机。冶铸业在战乱中也曾遭到严重破坏，铁非常缺乏，以致出现了用木制刑具代替铁制刑具的事情。曹操攻占冀州后，开始恢复冶铸业，设置官营冶铸机构，解决了无家可归、无业可从的问题，也解决了大量荒地闲置的问题。如果流民生计无着，最终必然走上反抗道路，对曹操来说，这自然也是他缓和阶级矛盾、调整生产关系的一种手段，但在客观上，确也对解决流民生计问题、恢复发展社会经济发挥了积极作用。在招募流民屯田这一措施的影响下，各地在非屯区也开展了大规模招回流亡人口、分给无主荒地并贷给犁牛以帮助恢复生产的工作。关中在李傕、郭汜之乱后，流入荆州的民户有十多万家，后来听说家乡恢复了秩序，都希望回乡，但回来后却因没有牛、犁等生产资料，仍然无法自立。尚书郎卫觊给荀彧写信，建议实行食盐专卖，以其收入购买牛、犁，贷给归民，帮助他们恢复生产，以使关中富裕起来。荀彧请示曹操，曹操采纳了卫觊的建议，实行后，收到了很好效果。后来京兆太守颜斐借鉴了这一做法，针对当时老百姓在饱经战乱后不专心农耕的情况，命令所属各县修整田间道路，多种果木桑树。结果不过一两年，农业生产就得到了恢复。

屯田制度的施行，还在一定程度上遏制了豪强地主势力的发展。董卓之乱后，各地有不少豪强搞武装割据，在风暴过去之后，他们竞相侵占土地，招纳流民，以不断扩展自己的势力。流入荆州的关中农民回乡后，地方豪强就曾争相招纳，使为部曲，而属于官府系统的郡县由于财力贫弱，竟无力与之竞争，只能眼睁睁地看着他们日益强大起来。

曹操看到，如果对这种现象放任自流，任其发展下去，那么土地和劳动力必将无限制地流到那些豪强手中，从而影响到官军的兵源和粮食供应，最终造成尾大不掉、难以控制的局面。因此，他推行屯田，就是要利用自己的势力和地位，将这些流散的劳动力和荒芜的土地收归到朝廷手中，致使豪强势力不能无限制地占夺土地、招纳流民，从而成为他统一国家的障碍。曹操最终还是达到了自己的目的。

实行屯田给曹操带来的直接和最大的收获，是解决了他长期为之担忧的、十分紧迫的军粮问题。实行屯田后不过几年，各地收获到的谷物每年总量就达数千万升之多，基本上满足了曹操进行统一战争的需要。而且这些谷物分储各地，军队开到哪里，大体上能做到就地或就近供应，既免除了转运之劳，又方便快捷，有力地支援了曹操对其他割据势力的战争。曹操最初为解决军粮问题而实行屯田，他基本上达到了自己的目的，"修耕植以蓄军资"的战略方针取得了预想的成功。

曹操推行屯田政策的成功，在政治、经济和军事等方面所显示出来的意义是不同寻常的。它使北方的农业经济在一个较短时期内得到了比较好、比较快的恢复和发展，使"白骨露于野，千里无鸡鸣""出门无所见，白骨蔽平原"的景象在一定程度上得到了改观。曹操使在长期战乱中弄得凋敝不堪的农业经济重新振作起来，这不能不说是一个很大的功劳。

第二节 广揽人才

东汉末年是一个动荡的年代，以曹操、刘备、孙权为代表的魏、蜀、吴三家，为争夺天下，展开了一场生死大搏斗。"盖有非常之功，必待非常之人"。三国的创立者都知道人才对其建功立业的重要性，他们在争夺人才中争夺天下，在争夺天下中争夺人才。因此，从一定意义上讲，三国的纵横捭阖、军事较量，是一场争夺人才的大战。曹操知人善任、宽宏大度，革新吏制、选贤任能，为后来取得天下打下了坚实的基础。

《三国志·魏书·武帝纪》里记载了这样一段对话。当初，袁绍和曹操一起兴兵讨伐董卓，袁绍问曹操："如果这次兴兵不能胜利，我们以后将依靠什么来完成大业呢？"

曹操反问道："你认为该怎么办呢？"

袁绍说："我将南面依据黄河，北面凭靠燕、代，合并少数民族的兵力，然后向南去争夺天下，也许会成功吧？"

曹操没有正面回答袁绍，而是说："我不像你那样依靠地理环境和外族势力。我只任用天下有智力的人，用道义去统御他们，如果能这样做，就会无往而不胜。"

好一个"任天下之智力"！这就是聪明老练、眼光独到的曹操！

而曹操，也正是因为善于用人，才得以在乱世中剿灭群雄，称霸一方。先为三足鼎立铸了一足，然后又由其子铸了一鼎，建立了新的王朝。

曹操用人的原则是：用人不疑，疑人不用，被公认为是唯才是举、重才不重德的典型。"唯才是举，吾得而用之"的思想，是曹操对待人才的一贯态度。其依据便是他为求贤而下的著名三令：

建安十五年（公元210年）春，曹操发出了《求贤令》，其令曰：

> 自古受命及中兴之君，曷尝不得贤人君子与之共治天下者乎？及其得贤也，曾不出闾巷，岂幸相遇哉？上之人不求之耳。今天下尚未定，此特求贤之急时也……若必廉士而后可用，则齐桓其何以霸世！今天下得无有被褐怀玉而钓于渭滨者乎？又得无有盗嫂受金而未遇无知者乎？二三子其佐我明扬仄陋，唯才是举，吾得而用之。

建安十八年（公元213年），曹操又发出了《敕有司取士勿废偏短令》：

> 夫有行之士，未必能进取，进取之士，未必能有行也。陈平岂笃行，苏秦岂守信邪？而陈平定汉业，苏秦济弱燕。由此言之，士有偏短，庸可废乎！有司明思此义，则士无遗滞，官无废业矣。

建安二十二年（公元217年）八月，发出了《举贤勿拘品行令》：

> 昔伊挚、傅说出于贱人；管仲，桓公贼也，皆用之以兴。萧何、曹参，县吏也，韩信、陈平负污辱之名，有见笑之耻，卒能成就王业，声著千载。吴起贪将，杀妻自信，散金求官，母死不归，然在魏，秦人不敢东向，在楚，则三晋不敢南谋。今天下得无有至德之人放在民间，及果勇不顾，

临敌力战；若文俗之吏，高才异质，或堪为将守；负污辱之
名，见笑之行，或不仁不孝，而有治国用兵之术：其各举所
知，勿有所遗。

综合分析曹操的三次求贤令，归结起来只有一句话，只要能为我
做事，不管你是什么人！

《魏书》说他：

知人善察……拔于禁、乐进于行阵之间，取张辽、徐晃
于亡虏之内，皆佐命立功，列为名将；其余拔出细微，登为
牧守者，不可胜数。是以创造大业，文武并驰。

曹操从初举义兵到平定北方、鼎足三分，他任用了许多人才。谋
士如毛玠、郭嘉、许攸、荀彧、荀攸等；降将有张辽、张绣、张鲁
等；隐士有田畴、邴原等；文士有王粲、陈琳、阮瑀等；叛臣有魏种
等。他们众星捧月般围绕在曹操的周围，或运筹帷幄，或决胜千里，
或文或武，或隐或仕。曹操手下，人才济济，曹操的天下，也主要是
靠这些人给打下来的。

曹营内战将云集，他们总是能披坚执锐，冲锋陷阵；他们有的智
勇双全，文武兼备（如曹仁、张辽等），曹操平时把他们放在重要位
置，遇有战事，放手让他们统帅诸军，独当一面；有的胆识不足，优
柔寡断，曹操就因人制宜，将他们搭配在合适的主帅营中，当好配
角。只要有一技之长的人，他就抓住不放。对于不能征战的文人，曹
操也非常钟爱。如果不是曹操把那些著名的文士都收拢到自己周围，
并发挥他们的作用，现在很难想象我国的文学史上，会有繁荣的"建
安时代"。

曹操起兵时，只有本家族的几个兄弟和侄子做骨干，七拼八凑，不足五千兵马，但在短短的几年内，就建立了"谋士如云，战将如林"的庞大队伍。这是因为曹操网罗人才的方式也是"挟天子以令诸侯"，常常以朝廷名义征召天下的人才。他不仅可以名正言顺地征召自己辖区内的人，还可以名正言顺地征召敌方辖区甚至敌方营垒中的人。很多人才就是看在献帝的面上，不得不接受诏命，而实际上还是为曹操所用。如华歆、虞翻、王朗等人或为孙策、孙权部属，或在孙氏的掌控之中，而曹操皆以献帝名义加以征召。

曹操还特别注意征召那些四方隐逸之士。曹操在网罗这些隐士时，态度谦恭，有时甚至三番五次相请，不厌其烦。如管宁、邴原等人避乱辽东，张范等人避乱扬州，曹操皆把他们召到了自己门下。这些隐逸之士大多以超脱世俗、清高孤洁自许，曹操把他们召到手下，不仅利用他们增强了自己的实力，而且利用他们所造成的影响，争取到了更多士人的投奔。有时曹操甚至以个人名义写信，亲自延揽人才。他给太史慈写信，便是一个有力的证明。

太史慈，东莱人，先随扬州刺史刘繇，后随孙策，作战骁勇，特别善射，箭不虚发。曹操闻其名，便给他去了一封信，用小箱子装好。太史慈收到小箱子，打开后，发现里面一个字也没有，只有一味中药当归。"当归"，即应当回归北方的意思。可见，曹操用心良苦。虽然未能达到目的，但是这件事足以体现曹操对人才的重视。

在汉末大乱中，这样流散四方的士人，有的在经济上陷入了困境，有的在政治上不得意，更有甚者变易姓名隐避他乡。这些人大都希望改变目前的处境，在政治上重新寻求发展的机会。战乱以来，他们得不到乡里选举的机会，曹操力挫群雄，异军突起，使他们重新看到了希望，因此纷纷前来投奔。如何夔避乱淮南，袁术到寿春后，千方百计地想留他、用他，但他认为袁术不得人心，设法摆脱袁术的控制，到北方做了曹操的掾属；裴潜看出刘表不是"霸王之才"，最终必然失败，从荆州奔长沙，在曹操平定荆州后北投曹操；避乱荆州的赵俨看出曹操有平定天下的才能，于是扶老携幼投奔曹操，被曹操任命为朗陵长；田畴避乱徐无山中，袁绍多次征召，他一概拒绝，而曹操一次亲往征召，他却立即出门上路。可见，曹操在这些人心中的威信极高。

曹操还十分注意对士人和地方豪强的网罗。士人是属于地主阶级中比较有知识、有智慧、有见识、有眼力的一群人。他们在汉末反对宦官的斗争中，形成了一股尖锐的政治势力，产生了对社会发展极为深远的影响。

那些出身名门的士人，无疑具有更强的号召力。如不能有效地争取到这些士人的支持，在政治上则是很难有所作为的，曹操深知这一点。自从黄巾起义后，一些地方割据势力就在全国各地迅速崛起，他们聚集家兵部曲，屯坞自守，拥有相当大的实力。比如李典有宗族、部曲两千余家，一万三千多人，许褚聚集了少年及宗族千家，李通、吕虔、任峻、臧霸等人也都拥有一定数量的家兵部曲。对于他们主动投靠，曹操是不会拒绝的。他们的到来无疑会对壮大自己的实力起到重要的作用。

让那些有名望的下属举荐，是曹操网罗人才的另一个重要补充。因为这些得力下属本身就可以信赖，所以他们所举荐的人必然也可以大胆放心使用。荀彧、荀攸、孔融、郭嘉、陈群、梁习等人都曾向曹操推荐过人才，其中以荀彧的成绩最为突出。曹操手下的大批得力僚属，如戏志才、荀攸、郭嘉、钟繇、陈群、司马懿、王朗、杜畿、杜袭、辛毗、郗虑、华歆、赵俨、荀悦、仲长统等人，都是由荀彧推荐给曹操的。

荀彧出身名门世家，名重一时，在士大夫中享有极高的威信。他曾为汉皇帝朝中尚书，董卓之乱后，辞官退隐家中。

荀彧以善出奇谋妙计而著称，在三国谋士里，他的水平堪称一流。荀彧年轻时并不得志，在天下大乱之际，他先投韩馥，又投袁绍，都未能发挥自己的作用。公元191年，荀彧到了曹操门下，找到了知音，得到了重用，一举成为曹操的股肱谋臣。

荀彧在辅佐曹操实现统一北方的大业中，其作用跟诸葛亮辅助刘备开辟西蜀三分之势的作用相仿。荀彧对曹操的贡献主要有：

公元194年，荀彧留守后方，巧妙迎战前来偷袭的吕布、张邈，守住了范县、鄄城、东阿三县，保住了兖州根本。

为了挑拨刘备、吕布的关系，他献了"二虎竞食"和"驱虎吞狼"之计，成功地分化了刘备、吕布和袁术之间的友好关系。

袁、曹官渡决战，曹操兵微将寡，萌生退兵之心，是荀彧阻止了他的行动，让他坚持下去。当曹操准备从官渡退兵时，荀彧明确指出，退兵必然失势，咬着牙也要坚持到底，以奇兵攻袁绍。曹操坚持下来，最后取得了官渡之战的全面胜利。荀彧为官渡之战的最后胜利立下大功。

官渡之战后，袁绍新破，暂时无力与曹操争雄，而曹操自己也是军粮将尽，"以为河北未易图也"，便欲放弃北伐袁绍、收定河北的计划，想要南征荆州刘表。在决定先北伐还是先南征的关键时刻，荀彧备陈利害得失，指出："今绍败，其众离心，宜乘其困，遂定之；而背兖、豫，远师江汉，若绍收其余烬，承虚以出人后，则公事去矣。"

曹操慎重地权衡了他的建议，决心专力解决收定河北事宜，终于彻底扫灭了袁绍的势力，将河北四州纳入了自己的统治范围，为其北伐乌桓，最后统一中原创造了良好条件。

建安十二年（公元207年），曹操在《请增封荀彧表》中还特别提出这两件策谋，感慨颇深地说：

> 向使臣退军官渡，绍必鼓行而前，敌人怀利以自百，臣众怯沮以丧气，有必败之形，无一捷之势。复若南征刘表，委弃兖、豫，饥军深入，逾越江沔，利既难要，将失本据。而彧建二策，以亡为存，以祸为福，谋殊功异，臣所不及。

在用人与参谋方面，荀彧推荐郭嘉、荀攸、钟繇等一大批才能卓著、尽心称职的人才，组成曹操开创大业的智囊团。在军国大事的谋划上，荀彧为曹操提出了一系列具有决定意义的谋略。可以这样说，正因为有了荀彧的忠心辅佐，才有了曹操的宏图大业。

从人尽其才角度看，荀彧到了曹操手下，才得以大展宏图，而他在袁绍部下却英雄无用武之地。这充分可以看出，曹操在用人尽才的气度、胸襟方面确实远远胜过袁绍！

与荀彧一样，郭嘉也是三国时大名鼎鼎的智囊，而且都曾是袁绍的幕僚。郭嘉聪明绝顶，且胸有大志，袁绍原本非常看重他。但郭嘉在和袁绍相处数十日后，便对袁绍的谋臣辛毗、郭图表示："奉献心智替别人做事的人，最要紧的是懂得选择主人；选对主人后，才能全力以赴，建立功名。袁公虽礼贤下士，却不懂得用人及驱使人的要领，好施谋略却不懂得当机立断，这样的领袖在乱世中很难获得成功，即使想雄霸一方都不太容易。我打算立刻离开这里，去寻找真正值得我扶助的主人。"

辛毗和郭图表示："袁氏四世三公，有恩德于天下，早已获得北方各州镇大小军团拥戴，是当今之雄主，除了他，还会有谁称得上值得扶助的主人呢？你到底想去哪里呢？"

郭嘉知道郭图等人无法领会他言中的深意，乃单独弃袁投曹。曹操在与郭嘉共论天下大势后，他非常高兴地表示："他日帮助我成功、立大业的，就是这个人了。"而郭嘉也很高兴地对别人说："这才是真正值得我扶助的主人呢！"

在众多的谋士中，郭嘉是最受曹操青睐的，投奔曹操后的郭嘉立即被授予司马祭酒。从此，郭嘉成了曹操的主要军事顾问。最为称道的是郭嘉在38岁临死之际，还为曹操留下了锦囊妙计，曹操不费一兵一卒，就轻取了袁绍两个儿子的首级。因而，郭嘉病逝后，曹操抚尸大哭。一年之后，曹操赤壁惨败，又一次大哭郭嘉。

曹操的部属能够积极向曹操推荐人才，这同曹操虚心求才的态度密切相关。荀攸、郭嘉、钟繇等人能够尽用于曹操，这与曹操直接向荀彧征询是分不开的。在袭占荆州后，曹操又让名士韩嵩逐一品评州人优劣，凡经举荐的皆予以提拔任用。同时，需要指出的是曹操求才、用才的作风，极大地调动了部属施才的积极性，人才汇集到其门下越来越多，从而形成一种良性循环。

只会热心延聘人才，而不善于运用人才是不成的。曹操在重视人才的同时，敢于大胆使用人才，使人才有用武之地，同袁绍"矜愎自高，短于从善"形成鲜明对比。连诸葛亮都说："曹操比于袁绍，则名微而众寡，然操遂能克绍，以弱为强者，非惟天时，抑亦人谋也。"

曹操手下的贾诩、程昱、毛玠以及曹操晚年器重的司马懿等人，无一不为曹氏江山立下了汗马功劳。

比如毛玠，他曾为曹操献出了最有决定意义的"奉天子以令不臣"的策略，让曹操掌握了政治主动权；而隐士田畴本是幽州牧刘虞的从事。后刘虞被公孙瓒所杀，他因不能替刘虞报仇便逃到山中。在曹操征乌桓时他毅然出山为曹操做向导，开山引路，出其不意地打败了乌桓。

曹操文有众多谋臣，武有若干猛将，曹操不仅自己多才多艺，在他身边有：擅长医术的华佗、精晓音律的杜夔、长于相术的朱建平、会占梦的周宣、通易理的管辂、会行气导引的甘始、通晓房中术的左慈、懂得辟谷的却俭……曹操因此如虎添翼，纵横中原。

此外，曹操在用人上不拘一格，总是能做到仁者用其仁，智者采其智，武将任其勇，文职尽其能，既善用人力，又善纳人言，择人任势，最大限度地用人之所长。

曹操先后三次发表求贤令，不遗余力地广揽人才，那是因为曹操爱才心切。对关羽如此，对徐庶也是这样。

话说曹操从虎牢关认识刘备，到煮酒论英雄，他一直认为刘备是位英雄，但并不可能成为自己日后的对手。因为刘备虽然是皇亲国戚，却一直没有自己固定的根据地，常常是寄人篱下，他先后依附公孙瓒、陶谦，还依附过曹操，后来又投奔了袁绍、刘表等人，四处流浪，一副狼狈相。

当时，刘备手下只有关羽、张飞、赵云等几员猛将，力量十分单薄。就连刘备自己也认为，要实现自己的抱负，建功立业，必须访寻贤人，以仁义去获取天下，而现在的自己，却是捉襟见肘，大业难图。

如此这般，一向重视"天下智"的曹操当然不会把人才匮乏的刘备当作一回事，因为刘备手中无人。不然，以曹操的个性，又怎么会在青梅煮酒后，轻易被刘备所麻痹，放走了这位未来的巴蜀之王？

等到刘备在新野得到徐庶的辅佐后，曹操才真实地感受到问题的严重性。

徐庶是刘备招揽到的第一个贤才。刘备在新野得到徐庶的帮助后，先是指挥几千人挫败了吕旷、吕翔的进攻，并计斩二将，后又挫败了曹仁、李典率领的两万大军。

《三国演义》这样写道：

> 却说曹仁与李典回许都，见曹操，泣拜于地请罪，具言损将折兵之事。操曰："胜负乃军家之常。但不知谁为刘备画策？"曹仁言是单福之计……

当曹操得知单福就是徐庶，是他为刘备谋划了这次胜利时，一心想把徐庶招为己用。因此，他与谋士程昱商议，二人设计用徐母诓骗徐庶，使徐庶离刘归曹：

> 操曰："徐庶之才，比君何如？"昱曰："十倍于昱。"操曰："惜乎贤士归于刘备！羽翼成矣！奈何？"昱曰："徐庶虽在彼，丞相要用，召来不难。"操曰："安得彼来归？"昱曰："徐庶为人至孝。幼丧其父，止有老母在堂。现今其弟徐康已亡，老母无人侍养。丞相可使人赚其母至许昌，令作书召其子，则徐庶必至矣。"
>
> 操大喜，使人星夜前去取徐庶母……

曹操请来徐母，好言相劝，甚至不惜诬蔑刘备，说刘备是："沛郡小辈，妄称'皇叔'，全无信义，所谓外君子而内小人者也。"但徐庶的母亲一眼看穿了曹操的计策，还把曹操大骂了一通：

> 徐母厉声曰："汝何虚诞之甚也！吾久闻玄德乃中山靖王之后，孝景皇帝阁下玄孙，屈身下士，恭己待人，仁声素

著，世之黄童、白叟、牧子、樵夫皆知其名，真当世之英雄
也。吾儿辅之，得其主矣。汝虽托名汉相，实为汉贼。乃反
以玄德为逆臣，欲使吾儿背明投暗，岂不自耻乎！"言讫，
取石砚便打曹操。

徐母真是烈妇，读书不多却深明大义，甚至敢拿石砚打曹操。难
怪曹操要大怒，令武士斩杀徐母。以曹操的个性，哪里能容一个妇道
人家指着自己的鼻子大骂？幸亏程昱急忙阻止。

程昱说："徐母触忤丞相，就是要求死。丞相如果杀了她，就会
招来不义之名，而成全了徐母的高尚品德。徐母要是死了，徐庶必定
死心帮助刘备来报仇。不如留着她，使徐庶身心两处，这样，就算他
帮刘备出谋划策，也不会尽全力。再说，留得徐母在，我自有办法把
徐庶招来这里辅助丞相。"

曹操果然不杀徐母，送于别室养了起来。程昱则经常去探望，并
诈称自己曾与徐庶结为兄弟，徐母就是自己的母亲，自己会好好服
侍。他还时常馈送些物品给徐母。徐母是个讲礼仪的人，自然也要写
些手启表示感谢。程昱因此赚得徐母笔迹，于是仿造徐母字体，诈修
家书一封，差一个心腹，持书径奔新野县，询问徐庶的营帐。

徐庶是个孝子，听说母亲写了家书送来，急忙找来送信人。等看
完书信，徐庶已是泪如泉涌。他拿着书信去见刘备，向刘备告辞："我
与将军共建霸主大业，全靠此方寸之地。而今母亲失踪，方寸已乱，
留在这里，对你没有帮助，请允许我从此别去。"刘备无奈，只得允
许，徐庶于是投奔曹操，并答应刘备，虽然身在曹营，但势必不向曹
操献上一计一谋为其所用。

曹操得徐庶，虽然终身不为其用，但曹操对人才的重视和笼络，

可见一斑。从战术上讲，曹操用的这招是釜底抽薪。虽然"身在曹营心在汉"的徐庶"一言不发"，但徐庶也不能为刘备出谋划策，就等于刘备少了一个助手，曹操便有比刘备多用一人的可能。敌人阵营里的人才流失和人员分化，就等于自己力量的增强，这也算是徐庶对曹操的贡献了。

人才的重要地位和作用，在治国治军中都是举足轻重的。谁得到了高品质的人才，谁就掌握了竞争的优势。曹操帐下文武英才济济一堂，而且是人尽其才，人尽其用，这与他在用人上不拘一格、礼贤下士有关。

曹操用了19年的时间，从一兵一卒抓起，从一官一吏用起，将长江以北的混乱局面扭转过来，实现了中国大半个版图的统一。曹操事业的成功，其审时度势、多谋善断固然发挥了特殊作用，然而知人善任、施恩尽能的特殊才能，以及智谋和魄力才是他雄踞一方的重要因素。

第三节　打击豪强

在封建专制的社会里，统治根基是一个大问题。巩固统治的关键，不是一而再、再而三地吞食别人的地盘，而是应该想方设法维持自己现有的根据地，收拢民心，整饬军队，这才是立足之根本。曹操在抑制兼并、打击豪强方面，也做到了游刃有余，把握有度。

建安九年（公元204年），曹操率领大军一举攻克了袁绍的邺城。这一年，他已年过半百。随着军事上的节节胜利，统治区域的不断扩大，曹操也渐渐地步入了老境。但是，曹操并不服老，他深知自己肩上的担子还很重。他现在所担心的不是日渐衰老的身体，而是国家内部的混乱不治。

军中的军风、军纪无疑是一个大问题，但是地方割据势力也是一个不容忽视的社会现象。为了稳定占领区，特别是新占地区的统治秩序，提高自己队伍的战斗力，必须扫平这些大大小小的割据势力。同时，曹操又在经济、政治和军事等方面进行了一些整顿和改革，特别是在占领冀州后，加快了整顿和改革的步伐，力图拨乱反正，使统治秩序进入一个正常的轨道。

东汉末年，豪强地主大肆兼并土地，把农民创造的大量物质财富据为己有，这就大大地激化了社会的阶级矛盾。自从袁绍占领冀州后，他对部属及辖区内的豪强地主不仅不加以制止，反而采取一种放任自流的态度，任凭他们肆意凌压百姓、掳掠财物，最终使广大农民更加贫困。

曹操攻破邺城后，抄没审配家财以万数之多，可见豪强地主贪婪聚敛之一斑。曹操深知，要稳定统治秩序，必须抑制兼并，打击豪强，否则将无法改变老百姓负担过重的状况。因此，曹操于建安九年（公元204年）八月攻克邺城后，九月便立即发布了一道《蠲河北租赋令》：

> 河北罹袁氏之难，其令无出今年租赋。

这道政令的发出，对于恢复河北地区的农业生产、争取民心起到了十分关键的作用。政令刚一发布，就博得了广大民众的支持与欢迎。紧接着，曹操又发布了一道大快人心的《收田租令》：

> "有国有家者，不患寡而患不均，不患贫而患不安。"袁
> 氏之治也，使豪强擅恣、亲戚兼并；下民贫弱，代出租赋，

衔鬻家财，不足应命。审配宗族，至于藏匿罪人，为逋逃主；欲望百姓亲附，甲兵强盛，岂可得邪！其收田租亩四升，户出绢二匹，绵二斤而已，他不得擅兴发，郡国守相明检察之，无令强民有所隐藏，而弱民兼赋也。

正如文章开头两句所讲："有国有家者，不患寡而患不均，不患贫而患不安。"这句话出自《论语·季氏》。大意是：无论是诸侯还是大夫，都不必为财富不多而担心，真正令人担忧的是财富不均；也不必为人民太少而着急，真正需要着急的是境内不安。下文还有"盖均无贫，和无寡，安无倾"的话，大意指：如果财富平均，就无所谓贫穷；境内和平团结，就不会觉得人少；境内平安，就不会有倾危之虞。而曹操之所以引述这一段话，反映了他均平治国的思想境界高度。

为了减轻不和、不均、不安的现象，曹操在下文中严厉谴责了袁氏父子放任豪强兼并土地、强迫贫苦农民替他们交纳租税，使得贫苦农民变卖家产都难以应付的罪行，并特别提到审配家族窝藏罪人的不法行为，表达了自己对豪强大族任意横行的不满和痛恨。最后，曹操还公布了今后征收租赋的定额：田租每亩地收谷四升（一升约合现在188.6毫升），每户出绢二匹（一匹等于十尺，一尺约合现在0.6尺）、绵（丝绵）二斤（一斤约合现在224.14克）。除此规定之外，别的不得再擅自征收，并要求各郡守国相严格检查，不让豪强大户对田地等资产有所隐匿，而让贫苦百姓去交双份租赋。《收田租令》语气之强烈，态度之坚决，可见曹操打击豪强、抑制兼并的决心与信心。

两汉时期，赋税主要采用地税和人头税的形式。地税是根据收获量按比例征收的，如三十税一、十五税一、十分税一（仲长统《昌言·损益篇》有"令亩收三斛，斛取一斗"之说，也就是亩收三升中取三斗为税)。人头税是按人口的多少和大小征收的，7岁至14岁的小孩每人每年缴纳20钱，称为"口赋"，15岁以上至65岁的成人每人每年缴纳120钱，称为"算赋"。此外，东汉还有征收缴（细绢）、素（白绢）的记载。而在建安时期的曹操虽然在统治区内大兴屯田，但是和广大郡县相比，自己的屯田所占面积是微乎其微的。因此，封建地主土地所有制和自耕农、半自耕农仍是社会经济的主体，施行适合这一部分人的赋税制度是十分必要的。于是，曹操将地税改为按定额收，将人头税改为按户征收（称为户调），并将收钱改为收手工业产品。可以说此举也是从当时、当地的实际情况出发，在一定程度上照顾了农民的利益。

曹操将地税改为按亩计算，这种做法的意义就在于要让更多的豪强多尽纳税的义务。由于曹操所规定的田租户调的数额只是一个平均数，只是交给地方官统计户口征收的标准，所以在实际征收时，还要按照不同的贫富等级进行收税。具体如何分等级，还需由地方官进行考查斟酌。但是需要指出的是，每户的平均数必须合于曹操所规定的数额。既为旨令的提出者，就必须以身作则，起到带头作用。所以曹操每年征收赋税时，都要让剧县的县令为他评定等级，按等级交税。

一次，剧县县令将他同曹洪划成一个等级，曹操说："我家的资财哪有子廉（曹洪字）多呢！"事实的确如此，曹洪其人，生性贪财，有时甚至采取巧取豪夺的手段夺取他人的财产。

贪财之人多吝啬，曹洪也是如此。有一次，太子曹丕去向他借贷，他都不给，以致曹丕怀恨在心，即帝位后曾以他下人犯法为由企图将其下狱处死。

提出这件事主要是为了说明剧县县令的估算或有不够准确之处，但至少说明他没有因为曹操的等级而特别照顾曹操，去给他压等级；

减赋税。

曹操尚且如此，各地的豪强自然也就有所收敛，也尽量按照章程交纳赋税了。不过，一些豪门大族勾结官府，在评定家财等级时暗中做手脚，把负担转嫁到贫苦农民身上。这种现象还是有可能的，但不管怎么说，他们中的大多数至少不会像以前那样无所顾忌、大张旗鼓地干了。

至于为什么人头税改为按户征收，主要原因是因汉末战乱以来，人口流动性大，而户相对来说稳定性要大一些。所以，人头税改为按户征收便于征调。同时，按户征取绢、绵，计算起来也更为方便，特别有利于收取整匹的绢、布，不致因人丁零落而造成上交绢、布的破碎不整，这样也就可以更好地加以利用，不致造成浪费。

将人头税从收钱改为按户收取绢、绵。曹操早在建安五年官渡之战期间就已经这样做了，事实证明，此举也充分考虑了当时的实际情况。当时中原一带，家庭纺织业同农业是结合在一起的，几乎家家都有绢、绵等手工业产品。而自战乱以来，铸币业已近于废弃，民间，特别是农民拥有的货币极为有限，一般都采用谷、帛进行交易，如果要他们用钱币上税，就必然会给商贾提供乘机压榨农民的机会，加重农民负担。因此，改征农民自己能够生产的实物，对农民是不无好处的。

东汉中叶以来，农民所缴纳的赋税呈增多之势。质帝本初元年（公元146年）九月，朱穆就曾在奏记中说：

"当今天下，宦官揽权，水灾、蝗灾接连发生，天灾人祸一齐袭来。而朝廷的花费却比往常增加了十倍。仅河内一郡，过去征调缣、素、绮才八万余匹，现在却增加到了十五万匹。为官者不肯出钱，便把这些负担全都摊到了百姓头上。百姓因此大量逃亡，而只留下一些空头户口。户口既少，而家中没有资财的又多，因此所受到的盘剥也就更加惨重。二千石官吏碰到老百姓就像是碰到了敌人，要么强迫他们出卖田土房屋，要么拼命拷打他们，弄得百姓忧心如焚，朝不保夕。"

因此，可以说曹操规定平均每户交纳绢二匹、绵二斤，明令除此之外，不准额外多收，特别强调豪强地主对田地资财不得"有所隐藏"，以将赋税转嫁到农民头上，在一定程度上着实减轻了农民的负担。

后来，西晋在灭吴统一全国后征收课田赋，规定每个丁男课田五十亩，要收租四斛，也就是平均每亩要交租八升，剥削量比曹操的规定增加了一倍多。户调令则规定丁男（16岁至60岁的男子）作户主的，每年平均要交纳绢三匹、绵三斤；女（16岁至60岁的女子）或次丁男作户主的折半交纳，即纳绢一匹半、绵一斤半，边远郡县只交2/3或1/3。

通过前后的比较，我们不难看出曹操为了维护自己的利益及地主阶级的整体利益和长远利益，正如其令中所讲，如果放任豪强兼并，"欲望百姓亲附，甲兵强盛，岂可得邪"，而且执行起来也不可能那么彻底，但对于改善农民在经济上的处境，稳定社会秩序，恢复和发展农业生产，在客观上还是有一定作用的。

打击豪强是曹操抑制兼并的一个重要组成部分，也是其一贯的政治主张。在他担任洛阳北部尉和济南相时他就已身体力行了。曹操在带头打击豪强的同时，还特别选用干练的官吏来贯彻这种主张。因此，在这方面便涌现出了一批出色人物。

献帝入都许昌后，曹操任满宠为许令，把治理京城的重任交给了他。当时，曹洪手下有一个宾客，经常倚权仗势在许县境内为非作歹，犯案累累。满宠为人正直，秉公执法，立刻派人捉其归案。当曹洪得知其门下宾客被逮捕下狱后，便给满宠送了一封信求情。满宠收到信后，把信扔到一边不予理睬。曹洪无奈，只得去向曹操求情。曹操打算向许县主管刑狱的官吏了解一下情况，满宠担心曹操可能会出面干预此事，于是先下手为强，立即下令将罪犯处死。当曹操得知此消息后，非但没有怪罪满宠，反而高兴地说："当官管事难道不应当这样吗？"

从此以后，曹操对满宠更加器重。后来因袁绍在河北很有势力，而汝南郡是袁绍的故乡，门生宾客满布郡内各县，他们大都横行不法，有的甚至"拥兵拒守"。曹操便派满宠做了汝南太守。满宠刚一到任，便在当地招募了五百士兵，带着他们一连攻下了二十余座壁垒，并诱杀了十几个不肯降的地痞，共得户二万，兵二千，将汝南的局势很快平定下来。

又如杨沛做长社令时，其境内曹洪的宾客不肯依法缴纳赋税，杨沛把他抓来，先严刑拷打，然后将其处死。曹操很欣赏杨沛这种刚直不屈的做法，让他先后担任九江、东平、乐安等郡太守。后因他与督军争斗，被判处五年刑罚。

曹操出征到谯县，听说邺城及其附近地区的社会秩序十分混乱，法令根本无法贯彻执行。因此，曹操便要求重新挑选一个邺令，要求其才能同杨沛一样。结果有关部门遵照曹操的旨意，将杨沛从一个囚徒直接提升为邺令。杨沛上任前，曹操召见他，问道："你准备怎样去治理此城呢？"

杨沛回答："竭尽心力，依法办事！"曹操就喜欢杨沛这一点，听了杨沛的回话，大声叫好，并对旁边的人说，此人值得敬畏。

杨沛之所以受到曹操的重用，除了依法办事这点外，还因其在曹操当年西迎献帝时，所带的几千人途中断粮，当时任新郑长的杨沛接济于曹。当时，曹操特地赏给杨沛奴仆十人、绢百匹，这样做，一方面，作为对他就任新职的鼓励；另一方面，作为对他当年救急的报答。

杨沛满怀信心地走马上任。曹洪、刘勋等人皆畏惧杨沛威名，赶紧派人前往邺城，告诫子弟宾客各自收敛，不得为非作歹。结果，杨沛连任数年，将邺城的社会治安一直维持得很好。

此外，还有赵俨在朗陵长任上，司马芝在菅长任上，梁习在并州刺史任上，王修在魏郡太守任上，他们都毫不手软地打击了一些严重破坏封建法度的豪强地主。比如司马芝是在曹操平定荆州后被任命为菅长，当时豪强地主多不守法，郡主簿刘节，势力很大，有宾客千余家，出则为盗贼，入则乱吏治。

有一次，司马芝征调刘节的门客王同服兵役，刘节却把王同藏了起来。司马芝即报告郡守，列数刘节的罪行，郡守郝光不敢怠慢，即让刘节去代王同服兵役，青州因此有了司马芝"让郡主簿当兵"的说法。后来，司马芝调任广平令。征虏将军刘勋的宾客、子弟屡次在境内横行不法，正准备处理时，刘勋给司马芝送来一封信，不具姓名，却多有请托。刘勋同曹操过去是旧友，在担任庐江太守时被孙策击破，前来投奔曹操，被封为列侯。但司马芝奉公执法，将刘勋的宾客、子弟犯法者分别依法处理。最后，连刘勋本人也因自恃与曹操有旧，日渐骄横，一再犯法，被逮捕正法了。

曹操抑制豪强还有一项重要措施，那便是恢复盐铁官营。

盐、铁是古代关系国计民生的两项重要产品。在西汉武帝前，由民间经营，全被地方上的豪强大姓所垄断，他们从中获取暴利，最大的盐铁商财富累积多达万金。一些怀有叛乱动机的人，也常私自聚众煮盐冶铁，企图借此积蓄经济力量和军事力量。武帝元狩四年（公元前119年），桑弘羊被任为理财官，根据他的建议，汉武帝开始实行盐铁官营政策，办法是：在产盐区设置盐官，备置器械募人煮盐，产品由官家收购经营；在产铁区设置铁官，经营采、冶和铸造，并发卖铁器。结果汉武帝此举大获成功，不仅从豪强手中收回了盐铁大利，增加了国库收入，而且还避免了豪强操纵市场、物价暴涨暴落的局面，一些有割据野心的人，也受到了很大的遏制。

昭帝始元六年（公元前81年）时，曾召开过一次盐铁会议，对盐铁官营的利弊及是否仍然坚持这一政策展开了激烈的争论，争论的结果，仍然保留了盐铁官营。东汉章和二年（公元88年），章帝死，年仅10岁的和帝继位，窦太后临朝听政。为了取得豪强大族政治上的支持，窦太后听政伊始，即宣布："罢盐铁之禁，纵民煮铸"。从此以后，豪强大族又重新公开煮盐冶铁，财富大增，政治上的野心也随之膨胀，甚至有些人还私造兵器，为后来的武装割据创造了条件。曹操逐渐认识到了盐铁私营的弊端，因此在平定冀州后，立即明确宣布恢复盐铁官营，这样既有力地抑制了豪强势力，同时也为增加政府的财政收入创造了条件。

曹操在抑制兼并的同时，还采取了一些恢复和发展农业生产的措施，特别是在邺城周围及冀州地区兴修水利。这一带传统农业生产本来就比较发达，曹操攻占邺城后，又在魏郡、巨鹿、阳平、顿丘等地屯田，并在战国西门豹所修筑的漳水十二渠的基础上，修建了天井堰，在漳水上每隔三百步修一道堤堰，共修筑了十二道，然后从堤堰的一端开渠引水，都安上引水闸门，共凿成十二渠，绵延二十里，给农业生产提供了便利条件。西晋左思《魏都赋》记述当时的灌溉情况说：

西门溉其前，史起灌其后。澄流十二，同源异口。蓄为屯云，泄为行雨。水澍粳稌，陆莳稷黍。黝黝桑柘，油油麻纻。均田画畴，蕃庐错列。姜芋充茂，桃李荫翳。

一幅渠道纵横、庄稼繁茂、人烟稠密的富饶景象展现在人们的眼前。《魏都赋》虽不免有所夸饰，但还是有一定的事实依据的。由于有了渠水灌溉，北方也进行了水稻种植，这是农业生产的进步。此外，曹操在建安九年（公元204年）为进攻邺城修建了白沟，在建安十一年（公元206年）为北征乌桓修建了平虏渠和泉州渠，后来在建安十八年（公元213年）又凿渠引漳水入白沟以通河，虽主要出于军事需求的目的，但通过人工手段把漳水同黄河、海河及其他河流乃至黄海和渤海连接了起来，不仅获得了四通八达的漕运之便，给农业生产带来的好处也是显而易见的。

总之，曹操清楚地意识到"要想得天下，必须先得人心"的治国之道。因此他将打击豪强、抑制兼并与减轻农民负担、恢复农业经济和社会秩序联系在一起，两者相辅相成，互为统一。不但加强了自己的统治，对整个社会发展的影响也是深远的。

第四节　整顿风俗

东汉末年，连年战乱使得民不聊生，曹操所面临的是一副破落不堪的社会现状，经济凋零、社会秩序被严重破坏，种种混乱的局面已经使正常的人际关系和社会风尚发生扭曲变形，结党营私、诽谤攻击、挟嫌报复比比皆是。这些社会问题不仅影响了社会的安定，而且在曹操集团内部也产生了恶劣影响，它直接威胁着曹操集团内部的团结。为了医治战争的创伤，促使社会风气的逐步好转，实现大乱之后的大治，曹操在政局平定、统一北方的同时，下决心要整顿社会风气、革除社会弊病。

曹操重视社会风俗、辟除邪淫之气、倡导淳厚之风。他平定冀州后，瞻望形势，前途可喜，因而在其军事之余，根据河北实际，不仅轻其民赋，而且立即开始谋略稳定社稷和整顿社会风气、兴办教育等诸多治国大计问题。

建安五年（公元200年），曹操整齐风俗，重在谋求社会稳定，旨在惩前毖后，并不想扩大打击面，因而发了一个《为徐宣议陈矫下令》：

> 丧乱以来，风教凋薄，谤议之言，难用褒贬。自建安五
> 年以前，一切勿论，其以断前诽议者，以其罪罪之。

徐宣字宝坚，广陵海西人。陈矫字季弼，广陵东阳人。两人俱见重于广陵太守陈登，同陈登一样倾心于曹操。一次，孙权派兵围广陵，陈登派陈矫求救于曹操，曹操很欣赏陈矫的才能，当时就想把他留下来。后来，徐宣、陈矫都被曹操召为司空掾属，甚见亲用。但徐宣、陈矫却"私好不协"，常闹矛盾。陈矫原来姓刘，因过继给舅舅为子而改姓陈，长大后又娶了刘氏本族之女为妻，按照当时的封建道德规范，这样做是违逆的。徐宣抓住这个辫子不放，经常在大庭广众之下对陈矫进行诋毁和排挤。曹操爱惜陈矫的才干，有心保全他，于是下了这道手令。

曹操从稳定大局出发，遂有此令；同时也不排除是阻止人们谈论"同姓不婚"这个对于曹氏来说非常敏感的话题。断限止谤，说明

曹操对于整齐风俗不仅决心很大，而且对某些具体措施考虑得也很细致。

对于同族结婚这类错误，曹操认为，是由于战乱以来风俗教化日渐衰败造成的，有其深刻的社会原因，不能过多地追究个人的责任。如果对这类属于风教方面的问题总是抓住不放，势必有存心攻击之嫌，所说也即成为"谤议之言"，而谤议之言是难以用来评论一个人的好坏的。为了避免再出现类似的问题，曹操果断决定：建安五年以前所发生的问题，一概不再追究。今后如果有谁用断限以前的事情来诽谤别人，就把他加给别人的罪加在他身上。这体现了曹操积极而又稳妥地处理历史遗留问题的胸襟、气度和魄力，确立了宜粗不宜细、宜宽不宜严这一处理历史遗留问题的正确原则，同时也体现了曹操从大处着眼、不怕有"偏短"的用人原则。这不仅保护了陈矫一个人，制止了徐宣、陈矫之间矛盾的发展，同时也保护了成百上千像陈矫这样的人，对加强内部团结有着重要的意义。

建安十年（公元205年）正月，曹操平定冀州后，还发布了一道手令：

> 其与袁氏同恶者，与之更始。

意思是，凡跟着袁氏一起做过坏事的人，允许他们改过自新。这既是一种瓦解和争取袁氏集团余党的策略，同时也包含着不算历史旧账、一切"向前看"的用意，与"自建安五年以前，一切勿论"的精神是一致的。

当然，这其中也包含不准许报私仇。在东汉末年，报私仇是个严重的社会问题。互相仇杀，宗族械斗，影响社会安定。在《三国志》中就不乏报私仇之例，大者如公孙度官报私仇。公孙度以玄菟小吏进身，为辽东郡所轻，后为辽东太守，到官即把轻视自己的襄平令公孙昭杀掉，同时把郡中名豪大姓田韶等"宿遇无恩"者，"皆以法诛，所夷灭百余家"。小者以忿轻杀，如夏侯惇，"年十四，就师学，人有辱其师者，惇杀之"；典韦，志节任侠，襄邑刘氏与睢阳李永为仇，"韦为报之"，怀匕首入李永家杀永及其妻，徐出步去，一市尽骇；韩暨，同县豪族陈茂诬其父兄，暨"阴结死士"，杀茂，"以首祭父墓"。河北地近少数民族地区，多受原始风俗的影响，又加袁氏统治十数年，政令不通，礼教不行，人少谦让之礼，更加助长了复仇风气的盛行。曹操进驻河北，立即将其作为一个重要问题加以整顿，此后，河北地区逐渐趋于稳定。

建安十年（公元205年）九月，曹操又发布了《整齐风俗令》：

> 阿党比周，先圣所疾也。闻冀州俗，父子异部，更相毁誉。昔直不疑无兄，世人谓之盗嫂；第五伯鱼三娶孤女，谓之挝妇翁；王凤擅权，谷永比之申伯；王商忠义，张匡谓之左道。此皆以白为黑，欺天罔君者也。吾欲整齐风俗，四者不除，吾以为羞。

这道手令也是在平定冀州之后下的。冀州是袁氏势力的老巢，长期的分裂割据，形成了一种很坏的社会风气，人们往往结党营私，排斥异己，颠倒黑白，甚至连父子、兄弟也互相诋毁。曹操引用了几件汉代的史实，来说明当时"以白为黑，欺天罔君"的恶劣风气。

直不疑，西汉文帝时为郎，官至中大夫。朝中有人毁谤他说："不疑状貌甚美，但无奈他与嫂子私通。"不疑听说后辩解说："我根本就没有兄长！"既无兄长，哪来的嫂子？

第五伦，字伯鱼，东汉光武帝时为淮阳国医工长，随淮南王入朝，光武帝同他开玩笑说："听说你做小官时，动手打岳父，有这回事吗？"第五伦回答说："我三次娶妻，妻子都是没有父亲的孤女。"

王凤，字孝卿，西汉成帝的舅父，任大司马、大将军，领尚书事，子弟满朝，专断朝政，遭到不少人的指责。但谷永想要依附王凤，却上奏章吹捧，把王凤比作周宣王的大臣申伯。

王商，字子威，西汉成帝时任丞相，为人忠直，但遭到王凤排挤。太中大夫张匡为迎合王凤，上书诬陷王商"执左道以乱政"。

上述问题，既有社会伦理道德方面的问题，也有政治品质方面的问题，但其共同点都是不实事求是，有的甚至到了荒谬绝伦的地步。这样的诽谤、诬陷，小则可以冤枉好人，搅乱人心，大则可以搞乱朝政，给国家利益造成损失，非同小可。曹操充分认识到了这个问题的严重性，因此下定决心整饬，"四者不除，吾以为羞"表现了他不达目的决不罢休的精神。这不仅是为了净化社会风气，实际上还带有清明政治的考虑。

《整齐风俗令》的中心思想是反对"阿党比周"。凡居统治地位者莫不痛疾"阿党比周"。因为这对于统治政权极为不利。曹操所谓"先圣所疾"的道理也在于此。从《令》中可知，河北在袁绍的统治下，形成了一种极坏的风气，人们结成了不同的派别，党同伐异，互相攻击。曹操严厉斥责了人们各归一派，甚至"父子异部，更相毁誉"的习俗。父子分属不同派别，互相攻击，不顾人伦大义，派别之间为了达到自己的目的，不惜颠倒黑白。曹操决心除此风俗。

曹操还发布了《清时令》：

> 今清时，但当尽忠于国，效力王事，虽私结好于他人，用千匹绢、万石谷，犹无所益。

反对"私结好于他人"，实际上就是反对拉帮结伙、结党营私。从"但当尽忠于国，效力王事"两句不难看出，曹操反对"阿党比周""私结好于他人"的目的，不仅仅是为了净化社会风气，稳定社会秩序，更重要的是为了让大家尽心力于国事，树立朝廷的权威，巩固和加强中央集权。曹操这样考虑，着眼于他统一全国的大目标，对于防止新的分裂割据局面的出现是有积极意义的。

与此同时，他有针对性地发出了一些有关整顿社会秩序与社会风气的教令，见于史者，下令不准报私仇，禁止大操大办丧事，违者一概以法律制裁，即"令民不得复私仇，禁厚葬，皆一于法"。

厚葬之风，其来久矣，孔子也不赞成！孔子说："礼，与其奢也，宁俭；丧，与其易也，宁戚（《论语·八佾》）。"虽然如此，厚葬之风，仍愈演愈烈，其最重要的原因当然是帝王自为奢葬，天下效之。厚葬，劳民伤财，对政治尚未安定、经济尚未复苏的河北来说，的确是又一大陋俗。此风不除，同样不利于社会经济的稳定与发展。因此，曹操必欲尽速除之。败袁氏之后，他立即发出了禁止厚葬令。反对厚葬是曹操的一贯思想，这同他的凡有生命的东西"莫不有终期""神龟虽寿，犹有竟时"的世界观是有关系的。他不仅这样对社会、对别人，也这样对自己。十五年后，他在《遗令》中就曾嘱咐后人，他的丧事从简。因此，对曹操的禁厚葬令，应为他立意移风易俗的思想加以肯定。

对于一些关乎民生疾苦的旧俗，曹操也给予了充分的关注。建安十一年（公元206年）三月，曹操占据并州后，曾发过一道《明罚令》：

闻太原、上党、西河、雁门，冬至后百五日皆绝火寒食，云为介子推。子胥沉江，吴人未有绝水之事，至于子推独为寒食，岂不偏乎？且北方沍寒之地，老少羸弱，将有不堪之患。令到，人不得寒食。若犯者，家长半岁刑，主吏百日刑，令、长夺一月俸。

介子推，一作介之推、介推，春秋时人。曾随晋公子重耳长期流亡，艰苦备尝，后返国渡河，见狐偃向重耳邀功，他羞与为伍，不辞而别。重耳即位后，论功封赏随他一起流亡的人，介子推偕同老母隐居绵山，至死不与重耳相见。《新序·节士》说，重耳求之不能得，于是放火烧山，以为这样可以把介子推逼出来，结果介子推被烧死在山上。后来民间为了纪念介子推，在介子推死的这一个月不举火，吃冷食。东汉时，改为吃三天冷食。曹操认为，北方气候寒冷，老人、小孩身体瘦弱，这样吃冷食将会造成不能忍受的灾难。并举例说，春秋时有大功于吴的伍子胥被沉尸江中，吴人却并没有因此而不饮江水，纪念介子推为什么偏要吃冷食呢？于是他下令，任何人不得再吃冷食，如有违犯，家长要判半年徒刑，主管官吏要判一百天徒刑，县令、县长要扣除一个月俸禄。这不仅表现了曹操移风易俗的决心，更体现了他关注民生疾苦的精神。

为了逐步扭转不良社会风气，曹操除对一些陋习明令禁止外，还采取了正面教育的措施。建安八年（公元203年）七月，曹操发布了《修学令》：

丧乱以来，十有五年，后生者不见仁义礼让之风，吾甚伤之。其令郡国各修文学，县满五百户置校官，选其乡之俊造而教学之，庶几先王之道不废，而有以益于天下。

"文学"，指儒家经学。"修文学"，即提倡儒学，其目的是为了树立仁义礼让的风尚。"俊造",俊士与造士。《礼记·王制》说：

> 命乡论秀士,升之司徒,曰选士。司徒论选士之秀者而
> 升之学,曰俊士。升入司徒者不征于乡,升于学者不征于司
> 徒,曰造士。

"俊造",这里泛指才学优秀者。东汉时,郡县曾普遍设立学校,郡、国称学,县、邑称校,学、校皆置经师,经师通称文学,或称文学摄、文学史。儒学所提倡的仁义礼让等封建道德,在封建社会中对于提高人们的道德水准、改善社会风气确曾发挥过有益的作用,曹操提倡"修文学",在当时是有着积极意义的。汉末自董卓之乱以来,学校被毁,人才四散,要重新加以恢复并不是一件容易的事情。

荀彧曾劝曹操"教化征伐,并时而用",这在当时起到了积极的作用,对后世也产生了有益的影响。魏文帝黄初四年（公元223年）正月,曹丕曾下诏说："丧乱以来,兵革未戢,天下之人,互相残杀。今海内初定,敢有私复仇者皆族之。"因诽谤诬告之风屡禁不绝,又曾下诏说："敢以诽谤相告者,以所告者罪罪之。"这些举措,无疑都与曹操的举措一脉相承。

风俗纯而人心齐,外部环境对人的影响很大。曹操敏锐地看到了这一点,于是他开始大刀阔斧地进行改革,力图构建一个合理的生活环境,解决一些容易解决却容易被忽视的问题,事实证明他做到了。

曹操能够在戎马倥偬、百废待兴的时候考虑到恢复和发展文化,这已经不容易了。特别是这样做很难收到立竿见影的实效,而且在当时战争频繁的情况下,其手令也不大可能在较大区域内得到切实地贯彻执行,但曹操仍然未雨绸缪,着眼长远,这表明他的气概和眼光确实是与众不同的。

第五节　以俭为德

曹操在《度关山》诗中说："侈恶之大，俭为共德。"认为奢侈是最大的罪恶，俭朴是公认的美德。这绝不仅仅是说说而已，而是曹操一生一贯奉行的准则，在历代著名政治家中，在厉行节俭方面，曹操是做得最为出色的人物之一。

曹操不讲究吃，魏明帝曹叡即位后，尚书卫觊在上表中说过"武皇帝之时，后宫食不过一肴"这样的话，由此不难推知当时的情况。曹操不讲究穿，明令不准家人和宫女穿有刺绣的衣服，侍女下人的鞋子丝料不得用两种颜色。其《内诫令》说：

> 吏民多制文绣之服，履丝不得过绛紫金黄丝织履。前于
> 江陵得杂彩丝履，以与家，约当著尽此履，不得效作也。

绛（朱红）、紫、金黄在古代是表示尊贵的颜色，曹操规定丝织的鞋子不能用上述几种颜色。在江陵得到的各种花色的丝鞋，大概是南征荆州的战利品，带回北方分给了家人，但约定穿完后不准再仿制。曹操自己不仅穿朴素的衣服，还常穿有补丁的衣服。

他在《内诫令》中说：

> 吾衣被皆十岁也。岁岁解浣补纳之耳。

衣服和被子都已经使用了十年，年年拆洗缝补一下接着用。汉末王公，多不穿王服，而以头上裹一幅丝巾为高雅。曹操因为丝绸缺乏，

便仿照古代一种帽子的样式，用丝绸裁制成一种便帽，以合于简易随时之义，唯以不同的颜色来区别贵贱。被子、床褥这些东西，曹操只求暖和，四周没有任何刺绣修饰。帷帐屏风，坏了缝补一下再用，不轻易置换新的。所用的器物也都不讲求华美，不涂彩色油漆。其《内诫令》说：

> 孤不好鲜饰严具，所用杂新皮韦笥，以黄韦缘中。遇乱世无韦笥，乃更作方竹严具，以皂韦衣之，粗布作里，此孤之平常所用者也。内中妇曾置严具，于时为之推坏。今方竹严具缘漆甚华好。

"严具"即箱子，主要用来盛放梳篦、毛刷等日常生活用具。曹操明确表示不喜欢装饰鲜艳的箱子，日常所用的是旧皮掺杂新皮制作的皮箱，用黄皮镶在中间。后来因为碰上乱世，连这样的皮箱也没有了，就改用方形竹箱，用黑皮罩在外面，粗布在里面，同时加上漆，他觉得这样也很漂亮，这大概就是一种"朴素美"吧。《内诫令》又说：

> 孤有逆气病，常储水卧头。以铜器盛，臭恶。前以银作小方器，人不解，谓孤喜银物，今以木作。

逆气病是一种气往上冲而引起头疼的病，大概就是华佗给他针灸过的头风病。发病时为缓解病痛，曹操常准备一盆水浸头。用铜器盛水，水放久了有铜臭气。后改用银制成的小方器，但怕人们不理解说他喜欢银制品，因此干脆改用木器盛水。曹操所用的器物，遗留后世，曾有见之者，确实相当普通。

西晋陆云曾给其兄陆机写过一封信说：

一日案行，并视曹公器物，床荐席具，有寒夏被七枚，介帻情如吴帻，平天冠、远游冠具在。严器方七八寸，高四寸余，中无鬲，如吴小人严具状。刷腻处尚可识。梳枇剔齿纤缏皆在。拭目黄絮二在，有垢黑，目泪所沾污。手衣卧笼挽蒲棋局书箱亦在。奏案大小五枚，书又作欹枕，以卧视书。扇如吴扇，要（腰）扇亦在。书箱五枚，想兄识彦高书箱，甚似之。笔亦如吴笔，砚亦尔。书刀五枚，琉璃笔一枚，所希闻。景初三年七月，刘婕好析之。见此期复使人怅然有感处。器物皆素。

"如吴小人"，即所用同吴国普通人所用的差不多。又说"器物皆素"，即都不华丽，可见曹操所说的，所用的，并没有欺人耳目，他过的确实是颇为俭朴的日子。

曹操还不准家里熏香。其《内诫令》说：

昔天下初定，吾便禁家内不得香熏。后诸女配国家为其香，因此得烧香。吾不好烧香，恨不遂所禁，今复禁不得烧香，其以香藏衣，著身亦不得。房屋不洁，听得烧枫胶及蕙草。

"天下初定"，当指平定河北之后。从那时起，曹操就不准家中熏香。后因三个女儿嫁给献帝，为她们熏香，因此破了例。曹操于是再次禁止烧香，即使是把香放在衣内或带在身上也不允许。不过，他提出了一个变通的办法，"房屋不洁，听得烧枫胶及蕙草"。枫胶，指枫树脂，蕙草是一种香草，烧着以后皆有一种香味。

《内诫令》还提到曹操的三个女儿成了汉献帝贵人以后，位高爵丰，曹操并没有拘于旧礼而不教，而是特意诫之说："今贵人位为贵人，金印蓝绶，女人爵位之极。"作为女人，爵位已经到了极限，禄赏已经够多了，不要再企求更高的奢华。至于对其他女儿的要求似乎就更严了。据《傅子》说："太祖愍嫁婆之奢僭，公女适人，皆以皂帐，从婢不过十人。"所谓皂帐就是不华丽的黑帐子。曹操把嫁婆的奢侈无度和超越礼制亦看作是必须整肃的社会问题，因而也从自己做起。拟于天子的魏公（王）的女儿，嫁妆是黑帐子，从婢不过10人，可见是非常朴素的。

曹操认为，厚葬是毫无意义的，因此他为自己预先准备的送终的衣服，不过四箱而已，春夏秋冬一个季节一箱，吩咐临终时给穿他上当时季节所穿的衣服；又预先为自己选定了瘠薄的地方作为墓址，要求埋葬后不封土，不植树，不用金玉珠宝之类的物品陪葬。曹植在《武帝诔》中说曹操生前"敦俭尚古，不玩珠玉，以身先下，民以纯朴"，又说曹操安葬时"明器（古代用土、木或陶土专为随葬制作的器物）无饰，陶素是嘉"。这是反映了实际情况的。

在其他方面，曹操也是能节约就节约，绝不铺张浪费。曹丕即位后，散骑常侍高堂隆在上表中说曹操在世时"不饰无用之宫、绝浮华之费"，就表明了这一点。《世说新语·捷悟》所载曹操在官渡之战前为剩下的数条只有几寸长的竹片考虑用场的故事，也说明他不肯轻易地浪费掉一点来之不易的物资。

曹操奉行节俭，因而也就不贪恋财物，不积聚私产。攻城略地所缴获的财物，全被用来赏赐有功的将士；四方贡献，他也都与部属分享。

曹操提倡节俭，先从自己和家人做起，并为此做了不少硬性规定，这些规定都得到了严格的执行。一次，曹植的妻子违令穿了锦绣衣服，恰巧被在铜雀台上的曹操看见了，立即下令让植妻回家自杀，这虽然太过分、太残忍，但也可看出曹操提倡节俭的坚决态度。

曹操一生，娶妻纳妾甚多，有名有姓的就达16人，对于众多的妻妾，曹操管理得很有条理，一不让她们乱干政；二不让她们挥霍。曹操的正妻卞后，有一个弟弟叫卞秉，建安时任别部司马，官职多年没有提升，心有怨言，想借着姐姐的身份往上爬。曹操知道后严肃地说："但得与我作妇弟，不为多邪？"升官不成，又想多弄点钱物，曹操回答得更干脆："但汝盗与，不为足邪。"在曹操严格约束下，卞后"每见外亲，不假以颜色，常言：'居处当务节俭，不当望赏赐，念自佚也。外舍当怪吾遇之太薄，吾自有常度故也。吾事武帝（曹操）四五十年，行俭日久，不能自变为奢。有犯科禁者，吾且能加罪一等耳，莫望钱米恩贷也。'"卞后自己吃饭"菜食粟饭，无鱼肉""请诸家外亲，设下厨，无异膳"。

曹操奉行节俭，得到了妻子卞氏的大力支持。到曹丕称帝后，卞氏仍然坚持这样做，还严格要求自己的外亲也这样做。

曹操还把是否节俭作为选拔官吏的条件，作为衡量一个官吏品质好坏的标准。

毛玠等人认真执行了这一标准，一时间在朝野形成了俭朴节约的风气，并形成廉政的新风。在这方面甚至还有做得过头的地方，比如只要一穿新衣、坐好车就被说成不廉洁，反之就被说成廉洁，只从表面现象看问题，以致被一些弄虚作假的人钻空子，但不难看出曹操提倡节俭收到了切实的效果。对确实不廉洁的人，曹操总是认真地作出处理，比如同乡好友丁斐因私自调换官牛一度被撤职，曾为曹操上表捏造孔融罪名的路粹违禁以低价买驴被处死。

曹操崇尚节俭，提倡节俭，一方面由于当时社会生产遭受严重破坏，物资匮乏，为了保证军队最基本的物质需要，为了维持人民的最低生活水平，必须勤俭节约，不能铺张浪费；另一方面也是将这作为立国之本来考虑的。《度关山》诗说："舜漆食器，畔者十国。"曹操是已将奢侈提到了会导致亡国的高度上来认识的。《韩非子·十过》载秦穆公问由余："愿闻古之明主得国失国何常以？"由余回答："臣尝得闻之矣，常以俭得之，以奢失之。"曹操是认真汲取了这一教诲的。曹操明白，他要统一中国、夺取天下，必须勤俭；夺取天下后，将来要保住天下，也必须勤俭。这说明，曹操称得上是一个眼光远大、励精图治的政治家，他奉行节俭，有时甚至到了有些过分的地步，但这绝不是为了沽名钓誉，也不是一种权宜之计，而是有着长远的战略考虑的。

东汉以来，上层社会盛行奢侈靡费之风。王符在其《潜夫论·浮侈篇》中说：

> 而今京师贵戚，衣服、饮食、车舆、文饰、庐舍，皆过王制，僭上甚矣。从奴仆妾，皆服葛子升越，筩中女布细致绮縠，冰纨锦绣。犀象珠玉，虎魄玟瑶，石山隐饰，金银错镂，麞麂履舄，文组彩褋，骄奢僭主，转相夸诧。箧子所唏，今在仆妾。富贵嫁娶，车軿各十，骑奴侍童，夹毂节引。富者竞欲相过，贫者耻不逮及，是故一飨之所费，破终身之本业。

在谈到厚葬之风时，他又说：

> 其后京师贵戚，必欲江南檽梓豫章梗楠。边远下士，亦竞相仿效。夫檽梓豫章，所出殊远，又乃生于深山穷谷，经

历山岑，立千步之高，百丈之溪，倾倚险阻，崎岖不便，求之连日然后见之，伐斫连日然后讫，会众然后能动担，牛列然后能致水，油渍入海，连淮逆河，行数千里，然后到雒。工匠雕治，积累日月，计一棺之成，功将千万。夫既其终用，重且万斤，非大众不能举，非大车不能挽。东至乐浪，西至敦煌，万里之中，相竞用之。此之费功伤农，可为痛心！……今京师贵戚，郡县豪家，生不极养，死乃崇丧。或至刻金镂玉，襦梓梗楠，良田造茔，黄壤致藏，多埋珍宝偶人车马，造起大冢，广种松柏，庐舍祠堂，崇侈上僭。

不难看出，当时的奢靡之风已经到了骇人听闻的地步。到了建安时期，这种奢靡之风也并未完全消歇，四世三公的袁氏一家，衣食车马是非常豪奢的。曹操在这种背景下提倡节俭，并且身体力行，从而引导出一代新风，其意义是重大的。当然，作为一个地主阶级的政治家，是不可能充分抑制其口腹之欲、声色之娱的。

今存曹操《四时食制》一文，从中不难看出曹操对饮食有时还是相当讲究的。曹操将自己的"霸府"定在邺城后，在当时的人力、物力并不宽裕的情况下，仍在邺城兴建了一些建筑，有的就不一定是非常必要的，至少在规模上有的是可以做些控制的。比如铜雀台高十丈，有屋120间，金虎台高八丈，有屋109间，这多少带有靡费的性质。此外，有的禁奢的措施也未必都被贯彻得那么彻底，比如曹操严禁熏香，但在他临终前所作的《遗令》中，又有"余香可分与诸夫人"一语，可见后来他还是用了香的。唐人陆龟蒙就曾在《宫词》中嘲讽说："魏武平生不好香，枫胶蕙炷洁宫房。可知遗令非前事，却有馀薰在绣囊。"不过总的说来，曹操在节俭的问题上能够做到这一步已经很不容易了，是不可轻易加以抹杀的。

　　静以修身，俭以养德。节俭是磨砺一个人思想品德的法宝之一。一代霸主，厉行节俭，确是难能可贵。可惜的是，曹操提倡节俭，对其子孙的影响却是短暂的、有限的。魏文帝曹丕已开奢侈之风，至魏明帝曹叡更是变本加厉。曹叡大修洛阳宫室，在芳林园中修筑水池，广选宫女，恣意玩乐，同时赏赐无度，以致库藏空竭。大臣杨阜、高堂隆等一再谏阻，收效甚微。既无治国安民的雄才大略，也不知道谨身守成，最后终于导致大权旁落、国运衰亡，这大概是曹操所始料不及的。

　　曹操身为三军统帅，他深谙这样一个道理，要想从心理上抓住部下的心，为自己效命，只有与他们同甘共苦、生死与共，只有这样才能让他们更好地为自己做事。所以，他在紧要关头和危难时刻，常常是身先士卒、舍生忘死地与敌作战。

　　曹操针对两汉奢靡之风，训以约简，抑制奢华，提倡节俭，无疑是应该被肯定的。曹操在世时，社会风气大改，“由是天下之士莫不以廉洁自励，虽贵宠之臣，舆服不敢过度”，这说明尚廉、戒奢、倡俭曾经被付诸实际行动，并产生了切实的社会影响。

第一节　煮酒论英雄

有"治世之能臣，乱世之奸雄"之称的曹操，对投靠他的刘备，表面上非常尊重，实际上是极不放心的。以他政治家、军事家的眼光来看待刘备，他认定刘备是个人才，是日后将会与他争夺天下的对手。

刘备经过多年奔波，好不容易当上了徐州牧，有了一个固定的地盘。但好景不长，首先是袁术不满意刘备唾手得到徐州，不断出兵攻打。接着又是吕布和袁术互相勾结，联手进攻徐州。刘备被吕、袁联军打得大败，不得已到兖州投奔曹操。当曹操亲率大军攻克下邳、杀死吕布，得胜回朝后，刘备也就跟从他到许昌。曹操上表推举刘备为左将军。

刘备虽为皇叔，却势单力薄，深知自己处境的危险，为了避免曹操的怀疑，他处处小心、处处提防，他甚至经常关起大门，躲在院子里种菜，显示自己只是一个安于舒适环境、毫无大志的人。关羽和张飞看刘备那样没志气，忍不住抗议。刘备告诉他们说："我哪是真的在种菜？我是为了避曹操的耳目。曹操对我注意已久，此地不可久留。"

有一天，刘备正在后院干活，突然曹操派人来请他，刘备吃了一惊，心里怦怦直跳，胆战心惊地入府见曹操。曹操不动声色地对刘备说："在家做得大好事！"说者有意，听者更有心，这句话将刘备吓得面如土色。曹操又转口说："你学种菜，不容易。"这才使刘备稍稍放心下来。曹操说："刚才看见园内枝头上的梅子青青的，想起以前'望梅止渴'的往事。今天见此梅，不可不赏，恰逢煮酒正熟，故邀你到小亭一会。"

刘备听后心神方定，随曹操来到小亭，只见已经摆好了各种酒器，盘内放置了青梅，于是就将青梅放在酒樽中煮起酒来了，二人对坐，开怀畅饮。酒至半酣，突然阴云密布，大雨将至，天空有一股龙卷风，曹操问："刘备知道龙的变化吗？"刘备说："不知道它们的具体情况。"曹操说："龙能大能小，能升能隐，大则兴云吐雾，小则隐介藏形，升则飞腾于宇宙之间，隐则潜伏于波涛之内。现在是春末，龙乘时变化，就好像人得志而纵横四海。龙作为一种事物，可比作当今世上的英雄。您长期游走四方，一定知道当今世上的英雄，请指出来给我听听。"

刘备听出曹操话里有话，忙说："我刘备肉眼怎么能看出谁是英雄！"曹操说："不必太谦虚。"刘备说："我得到丞相的恩庇，在朝廷里当了个官。天下英雄，我实在不知道。"曹操还是紧追不舍："就算没见过他们的面，也听过他们的名字吧。"

刘备只好说："淮南袁术，兵多粮广，可以被称作英雄？"曹操笑着说："袁术是坟墓中枯骨，我早晚要抓住他！"

刘备又说："河北的袁绍，是四世三公，门多故吏，现在盘踞冀州之地，部下能干的极多，可算是英雄？"曹操说："袁绍色厉胆薄，好谋无断，干大事而吝惜自己的身体，见小利而可以忘记性命，不是英雄。"

刘备说："有一人名称八俊，威镇九州——刘表可以被称作英雄吧？"曹操说："刘表虚名无实，也不是英雄。"

刘备又说："有一个人血气方刚——江东领袖孙策是英雄吧？"

曹操说："孙策是借他父亲孙坚之名，不是真正的英雄。"

刘备说："益州刘璋，可算是英雄吧？"曹操说："刘璋虽然是宗室，但不过是个守门户的狗，怎么能被称为英雄？"

刘备又说："像张绣、张鲁、韩遂等人怎么样？"曹操鼓掌大笑说："这都是些碌碌小人，何足挂齿！"

刘备说："我说了这么多，都不算英雄，除此之外，我实在不知道了。"

曹操此时正想探听刘备的心理活动，看他是否想称雄于世，于是说："夫英雄者，胸怀大志，腹有良谋，有包藏宇宙之机，吞吐天下之志者也。"刘备问："谁能当英雄呢？"曹操单刀直入地说："当今天下英雄，只有你和我两个！"刘备一听，吃了一惊，手中拿的筷子，也不知不觉地掉到地下。正巧突然下大雨，雷声大作，刘备灵机一动，从容地低下身拾起筷子，说："圣人说：'迅雷风烈必变'。真的是这样。"表现出他是因为害怕打雷，才掉了筷子。曹操此时才放心地说："大丈夫也怕雷吗？"刘备说："连圣人对迅雷烈风也会失态，我还能不怕吗？"

"迅雷风烈必变"这句话出自《论语·乡党篇》，它的意思是：孔子遇疾雷暴风，必定改变容色，表示对上天之敬畏。刘备借用这句话的意思是，打雷的威力无比，竟吓得他匙筷落地。他用这句话来掩饰内心的窘迫，也瞒过了多疑的曹操。

曹操与刘备，应该说都是英雄，正因为英雄之间的惺惺相惜，才有了这一段传诵千古的"煮酒论英雄"的佳话。不过，就自身素质来说，文韬武略的曹操无疑更胜刘备一筹。很有说服力的事实就是，刘备未得孔明之前，和曹操开战可以说屡战屡败。幸亏有关羽、张飞、赵云多次保护，才使他幸免于难。以沛城之战为例，刘备用计劫营，而曹操将计就计，最终大获全胜。

当时，曹操率20万大军直奔小沛来攻打刘备，他料到刘备会来劫营，于是兵分九队，只留一队向前虚扎营寨，余众八面埋伏。

刘备与张飞分兵两队进发，只留孙乾守小沛。张飞自以为得计，领轻骑在前，突入操寨，但见零零落落，没有多少人马，四周火光大起，喊声并举。飞知中计，急出寨外。正东张辽、正西许褚、正南于禁、正北李典、东南徐晃、西南乐进、东北夏侯惇、西北夏侯渊，八处军马杀来。张飞左冲右突，前遮后挡；所领军兵原是曹操手下旧军，见事势已急，尽皆投降了。张飞逢着徐晃大杀一阵，后面乐进赶到。张飞杀出条血路突围而走，只有数十骑跟定。欲还小沛，去路已断；欲投徐州、下邳，又恐曹军截住，寻思无路，只得望芒砀山而去。

再看刘备那边，他引兵将近寨门时，忽然喊声大震，后面冲出一军，先截去了一半人马。夏侯惇又到，刘备突围而走，夏侯渊又从后追来。刘备回顾，只有三十余骑跟随；急欲奔还小沛，早望见小沛城中火起，只得弃了小沛；欲投徐州、下邳，又见曹军漫山遍野，截住去路。刘备自思无路可走，想："袁绍有言，'倘不如意，可来相投'，今不若往依栖，别作良图。"于是望青州路而走，正逢李典拦住。刘备落荒望北而逃。

曹操分析：刘备在徐州虽成三角之势，但以他二十万大军之势，刘备若破之，当日劫营是最好的计谋。因此，曹操料定刘备劫营也就顺理成章了。可以看出，曹操之所以胜利，是因为他充分利用了刘备的计谋，来个计中计，使刘备在得意中失败了。

曹操不但是"治世之能臣，乱世之奸雄"，而且文能"登高必赋，及造新诗，被之管弦，皆成乐章"，揭开了俊逸刚健的"建安"帷幕；武能"破黄巾、擒吕布、灭袁术、收袁绍。深入塞北，直抵辽东，纵横天下"，还是历史上为《孙子兵法》作注的第一人。从无名的小卒奋斗到汉丞相，曹操到死也没有称帝，无论从功绩还是才华上看，曹操都可称得上是一位真正的英雄。

第二节　三足鼎立

早年的曹操认为能与他争天下的是袁绍、袁术兄弟二人。后来，曹操明白袁氏兄弟不过是纸老虎，不值一提，于是将目标锁定在了刘备身上，他曾对刘备说出了天下英雄"惟使君与操耳"的肺腑之言。而曹操最大的失误却是输给了令他毫不在意的孙权，赤壁之战后，曹操不得不接受三分天下的现实。

《逸士传》中记载，曹操出仕前，同汝南王俊关系较好，王俊亦称曹操有治世之才。恰逢袁绍、袁术兄弟丧母，归丧汝南。曹操与王俊一道会丧。当时会丧者有三万之众。曹操同王俊密语："天下将乱，为乱魁者必此二人也。欲济天下，为百姓请命，不先诛此二子，乱今作矣。"

据此二人密语可知，曹操出仕之前，实已敏锐地意识到二袁是其未来政治角逐的对手。到初平元年（公元190年），董卓逆乱时，袁绍身为讨逆义军盟主，却置酒高会，畏缩不前，曹操深责怒谴，耻其为人。义军纷争瓦解后，袁绍曾得一玉印，于曹操坐中举向其肘，曹操"笑而恶焉"。袁绍又派人游说曹操："今袁公势盛兵强，二子已长，天下群英，孰逾于此？"曹操不应，从此更加蔑视袁绍，图谋诛灭他。

建安元年（公元196年），汉献帝任命41岁的曹操为大将军，他成为了全国最高军事统帅。此时距离曹操由兖州血战中脱颖而出，前后不到两年。

为了笼络北方的袁绍，曹操呈请汉献帝任命袁绍为太尉。

由于太尉官阶在大将军之下，袁绍认为曹操存心侮辱他，乃大怒表示："曹操早该死掉好几次了，每次都是我救他的，现在竟然挟持天子来命令我。"

袁绍便上书皇帝不肯接受任命。

曹操担心袁绍乘机攻击，会造成新政权的危机，便主动让出大将军职位给袁绍，自己接受太尉之职。

汉献帝为补偿曹操，特于十一月以曹操兼任司空，并行车骑将军职权。

袁绍自恃力量数倍于曹操，因此对曹操奉戴天子的作风非常不满，常故意在书信上侮辱曹操，曹操深以为苦，真想和这个不懂得礼节的家伙硬拼一场。

但是随着事态的变化，曹操发现袁绍虽"势盛兵强"，但终不能成大事。正如官渡之战前曹操所说："吾知绍之为人，志大而智小，色厉而胆薄，忌克而少威，兵多而分画不明，将骄而政令不一；土地虽广，粮食虽丰，适足以为吾奉也。"

曹操算是把他看透了，袁绍不过是个外强中干的角色罢了。这种洞察与认识，正源于曹操敢于藐视、抗衡袁绍的信心。

在汉末纷争中，曹操对刘备的态度却与前者甚是不同。刘备虽是个后起而无势的豪杰人物，却如养晦之潜龙，不可轻视。建安元年，吕布袭取下邳，刘备投奔曹操。曹操以客礼待之，任命刘备为豫州牧。

《三国志·武帝纪》载，曾有人建议曹操：

> 观刘备有雄才而甚得众心，终不为人下，不如早图之。

曹操回答：

> 方今收英雄时也，杀一人而失天下之心，不可。

《傅子》载，郭嘉也曾建议曹操宜早处置刘备。曹操正"奉天子以号令天下，方招怀英雄以明大信，未得从嘉谋"。

《三国志·蜀书·先主传》载，曹操曾从容对刘备说：

> 今天下英雄，惟使君与操耳。本初之徒，不足数也。

刘备当时闻言，惊吓得将箸失手落地。

《华阳国志》补述了一段小插曲，恰逢当时雷震，刘备遂借雷震加以掩饰："圣人云'迅雷风烈必变'，良有以也。一震之威，乃可至于此也！"

这段故事，就是历史上著名的"煮酒论英雄"。

在此期间，刘备不为吕布说情，致使三国中第一勇夫成了刀下鬼。而大将关羽进言，让曹操得到了张辽这样的名将。这一时期的曹操没有对刘备动手，不是没看出备乃人杰，而是认为此人在自己掌控之下，加之还没有在实际较量中充分认识刘备，故无杀心。

可见，曹操明知刘备是自己的一个潜在的危险对手，虽然杀掉刘备易如反掌，当在招揽英雄之际，却不宜杀。出于利害权衡，曹操对刘备采取了先养起来，监护着，等待时机再杀的策略。

建安四年（公元199年）六月，袁术战败，取道徐州北而赴冀州投奔袁绍，曹操得知，立即派遣刘备督率朱灵领兵去截击袁术，刘备侥幸脱身。

程昱、郭嘉闻知，立刻提醒曹操："刘备不可放走，放走刘备，会出乱子。"

曹操顿感后悔，派人再追，已来不及了。刘备一到徐州，便派关羽袭杀徐州刺史车胄，徐州郡县多叛离曹操，归附刘备，得众数万人。为防止曹操进兵，刘备派孙乾赴河北与袁绍联合。

这是曹操有生以来第一次对刘备用兵，结果曹操派去的兵将失败了。此时，一代枭雄曹孟德对刘备的态度发生了根本性的改变。从"备虽为人杰，却还不足与孤等量齐观，或可收为己用"到"备将生忧寡人"，可以说他对刘备的态度和认识发生了一百八十度的大转弯。

事实的确如此，如果他对刘备的心志与才能有足够的估计，就不会将其外派，失去对其的控制。如果他对刘备毫无认识，则不会悔而追杀，并坚定了必先图之的决心。

建安五年（公元200年）正月，曹操面临袁绍、刘备南北联手的局面，为避免两面作战，权衡利害，决定东征刘备。诸将甚不理解，恐怕大军出征，袁绍抄后袭击，进不得战而退失所据，便劝说曹操："与明公争天下的是袁绍，如果我们去东方攻击刘备，北方的袁绍乘机打过来，怎么办？"

曹操说："刘备是人中豪杰，今天不采取行动，后患无穷。"

郭嘉同意曹操的话，接着说："袁绍反应迟钝，而性情多疑，即使发动攻击，也不会太快；刘备刚刚兴起，人心还没有全服，我们如果火速行动，他一定失败。此存亡之机，不可失也。"

曹操于是率军东征。袁绍的谋士田丰闻讯，立即向袁绍建议："曹操跟刘备之间，兵连祸结，不可能立即分出胜负。你如果挥军直袭曹操的后路，可以一举成功。"

袁绍却因为幼子患病正重，不愿发兵，田丰急得用手杖猛敲地面，他愤愤地说："苍天！好容易出现千载难逢的机会，却被一个婴儿的病，全盘摧毁。可惜，大势已去。"

曹操攻击刘备，大破刘备。刘备突出重围，向北投靠袁绍去了。这时，关羽还守着下邳，刘备的家小也在那里，曹操攻下下邳，关羽被逼暂时投降，刘备的家人也当了俘虏。

曹操乘刘备立足未稳，羽翼未丰之机，给予刘备一个沉重打击，逼得刘备逃亡。

据此，可以看出，曹操先前不杀刘备而以仁待之，只是一种策略。到刘备一旦脱离其控制而扩展势力，威胁到自己的利益时，那就必欲置之死地而后快了。这对于曹操来说不过是随着时势变化而翻手、覆手的伎俩罢了。

曹操的"不念旧恶"，是由时间、形势的变化而决定的。在曹操看来，可杀之时，就是无罪也可加罪杀之；不宜杀之时，就是有罪也可放一放，暂时不杀。

此时曹操的作战策略已经发生了彻底的转变。我们可以发现，曹操在此之后走的每一步棋，都是围绕着刘备展开的。

著名的以弱胜强的官渡之战，以当时曹、袁的实力对比，曹操绝无胜算可言，因为与袁绍作战，无异于以卵击石，这也正是曹操此前没有把袁绍列为征伐对象的原因之一。刘备出逃前，就有袁绍叛卒来报告说："田丰使绍早袭许，若挟天子以令诸侯，四海可指麾而定。"足见当时袁绍之实力大可取得曹操后来挟天子以令诸侯的地位。只可惜袁绍虽有田丰、沮授等一流谋臣，却不知运用。

为了不给刘备任何喘息机会，同时也是为了不能坐视袁绍有启用和依靠刘备才能的机会，曹操不惜孤注一掷地冒以卵击石的风险，把讨袁绍的日程提前了。与此同时，曹操还充分利用暂降的关羽，挑拨袁绍与刘备的关系。即便不能破袁绍于官渡，也可逼迫刘备继续逃亡，离开袁绍这一强大的保护伞。

结果，曹操在这一场赌局中赢了，官渡之战作战合理，结果有如天助，以弱胜强，使刘备继续颠沛流离起来。

建安八年（公元203年）八月，曹操征刘表，军西平。他说："我攻吕布，表不为寇，官渡之役，不救袁绍，此自守之贼也，宜为后图。"刘表也因刘备的缘故被曹操提早列入了征讨的议事日程。只可惜曹操稍作迟疑，又给刘备得以喘息之机。刘备在此期间把诸葛亮请出了山，拥有了下一步联吴抗曹的实力，以及将来取川而鼎立的正确路线和战略策划。

建安十三年（公元208年），曹操北破乌桓，完成了统一北方的大业之后，不待休整，立即开始了南向用兵的准备。当时南面的敌人主要有三：一是荆州刘表；二是江东孙权；三是依附于刘表的刘备。

正在曹操虎视眈眈、准备要与刘表一决生死的时候，刘表却在这个关键的时刻病故了。结果，荆襄被曹操不费吹灰之力荡平，刘备又继续他的亡命生涯。

官渡破袁，降伏荆襄，加上其间的小征伐，已使曹操的实力傲视群雄，并拥有了挟天子以令诸侯的地位。所以他趁势南指东吴，既为追杀刘备也为吞并江东。但他此时却被胜利冲昏了头脑，赤壁之战是又一个著名的以弱胜强的战役，不同的是，这次所向披靡的曹操一方却被击败了。

曹操从公元190年起兵，到公元208年挥师南下，整整18年时间，几乎是逢战必胜。可是，他万万没料到，在即将大功告成之际，却败在了孙权、刘备的手下。这实在是令曹操始料不及的，曹操的政治目标成了泡影，他不止一次地发出过这样的感叹："生子当如孙仲谋。"可见他对孙权的重视与敬畏。

赤壁之战，破坏了曹操一统天下的目标，也成就了孙权与刘备，形成了魏、蜀、吴的鼎足之势。三国之中，虽然曹操势力最大，但无法和孙、刘同时相争，更何况孙、刘联盟，互为唇齿，因此谁都不敢轻举妄动，这在当时势必形成暂时的稳定局面，谁想打破这种平衡都要冒极大的风险。因此，三足鼎立之势长达近半个世纪之久。

第一节　不杀降

曹操有句名言：杀降将吾不为也，莫若厚遇之，放用之。曹操是这样说的，也是这样做的，他做过许多厚待归顺者的事情。

建安十九年（公元214年）十一月，张鲁带着全家老小来到南郑，投奔曹操。曹操亲自出城迎接，以客礼相待，张鲁的五个儿子也都被封为列侯。

对于曹操这种异常优待之举，东晋史学家习凿齿是这样评论的：曹操攻占汉中后不仅封张鲁及其五子，而且在封阎圃等人时说："今阎圃谏鲁勿王，而太祖追封之，将来之人孰不思顺！塞其本源而末流自止，其此之谓与！若乃不明于此而重焦烂之功，丰爵厚赏止于死战之士，则民利于有乱，俗竞于杀伐，阻兵仗力，干戈不戢矣。太祖之此封，可谓知赏罚之本，虽汤武居之，无以加也。"着重从政治影响的角度来看待曹操封赏阎圃，这种见解真可谓入木三分，深邃透彻，眼光独具。

为《三国志》作注的裴松之也同样认为：张鲁虽有归附之心，但毕竟是战败以后才来投降的，而曹操却将他封为万户侯，五个儿子也全都封了侯，曹操的着眼点不仅仅是为了优待张鲁一个人，而是为了立张鲁这样一个样板，来影响、动摇和吸收与张鲁类似的割据者。

在曹、刘、孙三方鼎立的局面下，只有在经济和军事实力等方面都超过对手，才有最后取胜的可能，曹操对此自然明白。此外，汉中僻远艰险，得来不易，以后要坚守更不易，必须施以重赏，以安固人心、利于今后，这大概也是曹操的一种考虑。

说到曹操宽不杀降，最为典型的例子要属收用陈琳一事。广陵人陈琳，汉末为何进主簿，避难冀州，为袁绍所用。当时，曹操亲率大军东征徐州刘备，田丰劝袁绍援助刘备，袁绍以儿子重病为由，延迟出兵，以致刘备被曹操击溃。刘备只身逃往青州，由袁谭引见，投靠袁绍。

刘备向袁绍介绍了曹军的现状以及部署，更强化了袁绍急于南征曹操的想法。

二月，袁绍下令各军指挥官在黎阳津会合，并视察了前线的战况。在黎阳军事会议后，袁绍便下令主簿陈琳，起草征讨曹操的檄文。陈琳素有才名，很快便完成了《讨逆檄文》：

> 盖闻明主图危以制变，忠臣虑难以立权。是以有非常之人，然后有非常之事；有非常之事，然后立非常之功。夫非常者，固非常人所拟也。
>
> 曩者，强秦弱主，赵高执柄，专制朝权，威福由己；时人迫胁，莫敢正言；终有望夷之败，祖宗焚灭，污辱至今，永为世鉴。及臻吕后季年，产、禄专政，内兼二军，外统赵、梁；擅断万机，决事省禁；下陵上替，海内寒心。于是绛侯、朱虚兴兵奋怒，诛夷逆暴，尊立太宗，故能王道兴隆，光明显融：此则大臣立权之明表也。
>
> 司空曹操：祖父中常侍腾，与左悺、徐璜并作妖孽，饕

饕放横，伤化虐民；父嵩，乞匄携养，因赃假位，舆金辇璧，输货权门，窃盗鼎司，倾覆重器。操赘阉遗丑，本无懿德；（獟）狡锋协，好乱乐祸。

幕府董统鹰扬，扫除凶逆；续遇董卓，侵官暴国。于是提剑挥鼓，发命东夏，收罗英雄，弃瑕取用；故遂与操同谘合谋，授以神师，谓其鹰犬之才，爪牙可任。至乃愚佻短略，轻进易退，伤夷折衄，数丧师徒；幕府辄复分兵命锐，修完补辑，表行东郡，领兖州刺史，被以虎文，奖蹴威柄，冀获秦师一克之报。而操遂承资跋扈，恣行凶忒，割剥元元，残贤害善。

故九江太守边让，英才俊伟，天下知名；直言正色，论不阿谄；身首被枭悬之诛，妻孥受灰灭之咎。自是士林愤痛，民怨弥重；一夫奋臂，举州同声。故躬破于徐方，地夺于吕布；彷徨东裔，蹈据无所。幕府惟强干弱枝之义，且不登叛人之党，故复援旌擐甲，席卷起征，金鼓响振，布众奔沮；拯其死亡之患，复其方伯之位：则幕府无德于兖土之民，而有大造于操也。

后会銮驾返旆，群虏寇攻。时冀州方有北鄙之警，匪遑离局；故使从事中郎徐勋，就发遣操，使缮修郊庙，翊卫幼主。操便放志：专行胁迁，当御省禁；卑侮王室，败法乱纪；坐领三台，专制朝政；爵赏由心，刑戮在口；所爱光五宗，所恶灭三族；群谈者受显诛，腹议者蒙隐戮；百僚钳口，道路以目；尚书记朝会，公卿充员品而已。

故太尉杨彪，典历二司，享国极位。操因缘眦睚，被以非罪；榜楚参并，五毒备至；触情任忒，不顾宪纲。又议郎赵彦，忠谏直言，义有可纳，是以圣朝含听，改容加饰。操欲迷夺时明，杜绝言路，擅收立杀，不俟报闻。又梁孝王，先帝母昆，坟陵尊显；桑梓松柏，犹宜肃恭。而操帅将吏士，亲临发掘，破棺裸尸，掠取金宝。至令圣朝流涕，士民伤怀！

操又特置"发丘中郎将"，"摸金校尉"，所过隳突，无骸不露。身处三公之位，而行桀虏之态，污国害民，毒施人鬼！加其细致惨苛，科防互设；罾缴充蹊，坑阱塞路；举手挂网罗，动足触机陷：是以兖、豫有无聊之民，帝都有吁嗟之怨。历观载籍，无道之臣，贪残酷烈，于操为甚！

幕府方诘外奸，未及整训；加绪含容，冀可弥缝。而操豺狼野心，潜包祸谋，乃欲摧挠栋梁，孤弱汉室，除灭忠正，专为枭雄。往者伐鼓北征公孙瓒，强寇桀逆，拒围一年。操因其未破，阴交书命，外助王师，内相掩袭。会其行人发露，瓒亦枭夷，故使锋芒挫缩，厥图不果。

今乃屯据敖仓，阻河为固，欲以螳螂之斧，御隆车之隧。幕府奉汉威灵，折冲宇宙；长戟百万，胡骑千群；奋中黄、育、获之士，骋良弓劲弩之势；并州越太行，青州涉济、漯；大军泛黄河而角其前，荆州下宛、叶而掎其后：雷震虎步，若举炎火以焫飞蓬，覆沧海以沃嫖炭，有何不灭者哉？

又操军吏士，其可战者，皆出自幽、冀，或故营部曲，咸怨旷思归，流涕北顾。其余兖、豫之民，及吕布、张杨之余众，覆亡迫胁，权时苟从；各被创夷，人为仇敌。若回旆方徂，登高冈而击鼓吹，扬素挥以启降路，必土崩瓦解，不俟血刃。

方今汉室陵迟，纲维弛绝；圣朝无一介之辅，股肱无折冲之势。方畿之内，简练之臣，皆垂头搨翼，莫所凭恃；虽有忠义之佐，胁于暴虐之臣，焉能展其节？

又操持部曲精兵七百，围守宫阙，外托宿卫，内实拘执。惧其篡逆之萌，因斯而作。此乃忠臣肝脑涂地之秋，烈士立功之会，可不勖哉！

操又矫命称制，遣使发兵。恐边远州郡，过听给与，违众旅叛，举以丧名，为天下笑，则明哲不取也。

即日幽、并、青、冀四州并进。书到荆州，便勒现兵，与建忠将军协同声势。州郡各整义兵，罗落境界，举武扬威，并匡社稷：则非常之功于是乎著。

其得操首者，封五千户侯，赏钱五千万。部曲偏裨将校诸吏降者，勿有所问。广宣恩信，班扬符赏，布告天下，咸使知圣朝有拘迫之难。如律令！

陈琳这篇檄文，两分事实、三分渲染、五分曲解。不过由于文情并茂，陈述的事实也都似有所据，檄文写好后，就立刻传令到各处关津隘口张贴。

据说当时曹操因感冒引发宿疾偏头痛，一看到陈琳的檄文，毛骨悚然，出了一身冷汗，感冒顿愈，偏头痛也忘掉了，只急着问探马这是何人执笔的。在得知为陈琳后，曹操反而定下心来，对左右表示：

"有文事者，还需以武略济之，陈琳文事虽佳，怎奈袁绍的武略不足以配合呢！"

陈琳在征讨檄文中，指责"曹操身处三公之位，而行盗贼之态"，指的是曹操挖掘王族陵墓的行为。

曹操的确指示军队干过此种不法而又没有道德的行为，不过，干过这种事的不只他一个，袁绍、袁术、董卓等也都曾大规模盗掘贵族坟墓，以夺取陪葬的金银珠宝养军。因此，汉朝历代的皇帝及皇族的坟墓，几乎统统被挖掘一空。

官渡大战后，袁氏败，陈琳为曹操所擒，曹操爱其才，并没有给以任何处罚，还任命他为帐下谋士。只是有一天心血来潮时，对他说："你的檄文的确写得很好，以袁绍的立场而言，也把我骂得很有力量，只是，你尽管骂我本人，何必把家祖和家父也骂在一起呢？"陈琳表示谢罪。

曹操"爱其才而不咎"，遂以陈琳与阮瑀并为司空军谋祭酒，管记室。据载："军国书檄，多琳、瑀之作也。"后琳徙门下督。在深思熟虑后，曹操也经常表现出他宽宏大量的一面，他深知陈琳写檄文只是做工作而已，在这方面陈琳的表现极为出色，也就是说这是位人才，因此不忍心杀害他。

陈琳后来成为"建安七子"之一，对建安文风的创立和发展，作出过很大贡献。他不幸在建安二十二年（公元217年）冬天染病去世。

对于曾经和自己作对的人，以怀柔之法安其心，为我所用，何乐而不为？从维护社会治安的角度来看，这是一条治政之法；从用人的角度来说，这是一条上乘的统御之策。在用人的问题上，凡是有大作为的人都应有大度量。正如曹操所讲："吾任天下之智力，依情理而使用之，让人尽其才，就可以无往而不胜。"

王修是北国人，他不跟风随潮，就近向郑玄或邴原学习，反而跑到千里之外的南阳去游学。回家乡后，当过北海相孔融及袁绍长子袁谭之幕僚，袁谭对他特别礼遇。曹操和袁谭战于南皮时，王修正好奉令协助袁谭在外面督粮，听到袁谭死了，他立刻回来，也不理曹操军令，亲自前往要求归葬袁谭。

曹操将他逮捕后，搜查其家中财物，发现只有不满十斛的谷子，但有数百卷书籍，心中大为感动，不但赦其死罪，还恢复其官职。

曹操曾多次调动其职位以检验其能力，经过一段时间的观察，曹操便写了嘉勉的信件给王修，信中表示："君澡身浴德，流声本册，忠能成绩，为世美谈，名实相副，过人甚远。孤以心知君至深至熟，非徒耳目而已也。"

再如官渡之战后，跟随袁绍的沮授来不及追随袁绍渡河，被曹军俘虏。他大叫说："我不是投降，而是被擒。"曹操跟沮授原是老友，亲自出帐迎接他，说："我们所处的地区不同，因此无法来往，想不到今天把你捉住。"

沮授说："袁绍不能用良策美计，自取失败的羞辱；我的才智不能施展，应有如此下场。""袁绍没有头脑，不用你的谋略，如今天下战乱，国家的苦难日甚一日，希望能跟你共同磋商，以救黎民。"曹操恳切地说。沮授说："我的叔父跟弟弟的性命，都掌握在袁绍手里，如果你看得起我，就请早日杀了我，那才是我的福气。"

曹操叹息说："我如果早得到你，天下事就不必担心了！"命令把沮授释放，给予特别厚待。

还有庞德，本是马超部将，曹操定汉中，马超投了刘备，而庞德降了曹操。曹操素闻庞德骁勇，拜立义将军，庞德常说："我受国恩，义在效死。"后来，他大战关羽，汉水暴溢，矢尽，为关羽所得，关羽劝其降，庞德大骂关羽："竖子，何谓降也。魏王带甲百万，威镇天下。汝刘备庸才耳，岂能敌邪！我宁为国家鬼，不为贼将也。"遂为关羽所杀，曹操闻而悲之，为之流涕，封其二子为列侯。

纵观三国历史，曹操善于用人，他所采取的是一种唯才是举的政策，把四方人才聚集于自己的帐下，群策群力，这样一来，怎能不胜？不妨让我们看看曹操的人才库是由哪几部分构成的。

那些跟随曹操一道起兵的亳县子弟肯定会最先被列入这个人才库的名单。夏侯惇、夏侯渊、曹仁、曹洪、曹纯、曹休、曹真等人，或为宗族子弟，或为同乡故旧，这些人都是曹操所倚重的基本力量和心腹将领。所以，曹操必然要和上述人等搞好关系，相对于其他亲朋故旧，曹操也常给予关照。

一次，曹操问别驾蒋济："胡通达是一位长者，他有子孙在世吗？"蒋济回答说："有一个儿子叫胡质，气概谋略不如他的父亲，但处事的精明却有过之而无不及。"曹操听后，即召见胡质，任命他为顿丘令。

王凌因事被判处五年刑罚。一次，他正拿着扫帚扫大街，曹操乘车路过，问是何人，左右以实情相告。曹操听后说："这是子师哥哥的儿子啊！所犯的过失是因公，还是放了他吧！"

子师，即司徒王允，为诛杀董卓的主谋，后被郭汜等杀死。曹操赦免王凌，显然考虑了过去同王允的交情及王允诛杀董卓的功劳。曹操立即起用王凌为骁骑主簿，后又任王凌为丞相掾属。

可见，曹操信赖这些人，要想更好地为其所用，必然要更好地安抚他们。

从敌方营垒中投奔、投降或俘虏过来的人无疑是曹操阵营中的另一支力量。曹操在统一北方的过程中，在消灭了一个又一个对手的同时，也把这些人的智谋高参揽于门下。如被陈寿评为"时之良将，五子为先"的张辽、乐进、于禁、张郃和徐晃就属于这一类型的人。

张辽原为吕布部将，张郃原为袁绍部将，徐晃原为杨奉部将。谋臣荀彧、郭嘉原在袁绍手下，贾诩原在张绣手下。他们都是敌方营垒中的人才，可是曹操对他们的态度却甚为宽容，不论对方原来如何极力地反对自己、陷害自己，但那都是各为其主时的无奈之举，因此他都既往不咎。曹操很大度，毕竟"人在江湖，身不由己"。只要觉得此人确实有才，那他必将尽力加以网罗。对于那些主动投靠者，他更是来一个收一个，多多益善。对于那些对旧主忠心耿耿、矢志不渝的人，曹操更是费尽心机，颇为上心。审配就是这方面最为突出的例子。审配效忠袁绍，被曹操俘虏后，誓死不从，曹操却仍想把他留下来。

对于归从的人，曹操总能以诚相待，听其言，重其谋，授以重任，尽快地把他们变为自己的心腹，为自己所用。如荀彧、郭嘉、贾诩、董昭、袁涣、王修、邴原、管宁、任峻、徐晃、朱灵、李通、许攸等。而这些人，也都像曹操所希望的那样，对魏国的政治、经济、军事决策产生了重大的影响。

特别值得一提的是，即使对那些降而复变或叛己投敌又被捉到的人，曹操也会千方百计地把他们再争取过来。

魏种原是曹操的故旧好友，曹操把他举为孝廉。兖州叛乱时，曹操认为"谁都能背叛我，而魏种不会！"可没有想到的是，魏种到底还是背叛他了。

曹操很生气，说："如果魏种不是走到天边，我就会把他抓回来！"不久，曹军抓到魏种后，大家都认为魏种死定了。然而，曹操再三斟酌后，却说："只因他有才啊！"解了他的绑绳，并任为河内太守。

另外曹操招收刘雄鸣，情形也与此类似。刘雄鸣，蓝田人，年轻时以采药打猎为业，常居覆车山下，每天出入云雾之中，从不迷路，人们说他能兴云吐雾。李傕、郭汜为乱时，不少人前去归附他。马超反叛时，他不肯随从，被马超打败，后去投曹操。曹操拉着他的手说道："我刚进关中时，梦得一神人，这神人就是你吧？"于是以厚礼相待，任他为将军，让他回去招揽部属。

可是刘雄鸣回去后，非但没有把部属说动，相反，部属反倒逼着他一起反了曹，于是他聚众数千人，扼守武关道口。曹操派夏侯渊前去讨伐，大获全胜，刘雄鸣南奔汉中。接着，曹操又平定了汉中，此时的刘雄鸣已经无路可逃，只得再次来投奔曹操。曹操一见他，便拉着他的胡须说道："你个老贼，我看你还往哪儿跑？"尽管曹操很是气愤，但是他并未予以追究，而是恢复了刘雄鸣的官职，把他调往渤海了事。

此外，程银、侯选在建安十六年曾随马超起兵反抗曹操，兵败后南逃汉中，这时也来投降曹操，曹操同样既往不咎，也都恢复了他们原有的官爵。这些措施，对安抚人心无疑具有很大的作用。

因为招降纳叛，曹操的人格魅力得以充分展示，也为他招揽人才树立了招牌。纵观曹操手下的这些功勋卓著的武将、才华横溢的文臣，他们中有不少人是在其主人失败后才来投降曹操的。而曹操宽宏大量，善待这些人，尤其注意待之以诚，授以实权，使他们冰释疑虑，尽力国事而不疑，这是其用人思想的又一重大成功体现。

第二节　真性情

刘备曾在对比自己和曹操的优缺点时说："操以急，吾以宽；操以暴，吾以仁；操以谲，吾以忠。"其实，刘备的"宽"远远不及曹操的"宽"。刘备虽然表面宽厚，招降了黄忠、严颜、魏延、马超等，却始终不肯原谅受孟达胁迫而未出兵援救关云长的义子刘封。

曹操的大气度首先表现在善于纳言。公元206年，为广开言路，革除当面顺从的恶习，曹操还特意发了《求言令》：

自今以后，诸掾属治中、别驾，常以月旦，各言其失，吾将览焉。

除定期收集各种建议外，曹操对部下随时进的忠言也虚心接受。公元195年，徐州牧陶谦病死，曹操就想先打徐州，再打吕布。荀彧劝谏道："昔高祖保关中，光武据河内，皆深根固本以制天下，进足以胜敌，退足以坚守，故虽有困，终济大业。明公本首事兖州，且河、济乃天下之要地，是亦昔之关中、河内也。今若取徐州，多留兵则不足用，少留兵则吕布乘虚寇之，是无兖州也。若徐州不得，明公安所归乎？"

荀彧这个巩固根据地的建议，被曹操愉快地接受了。后来曹操在彻底打败吕布，根据地得以进一步巩固的情况下，才放心大胆地与刘备展开了徐州争夺战，最终如愿以偿地夺取了徐州。

公元200年，在官渡大战前期，由于袁绍兵多将广、粮草丰足，曹操始终处于劣势，九月末，被袁绍围攻的曹操感到自己兵微将寡、粮草不足，长期同袁绍周旋很危险，就把准备撤军的想法写信告诉留守许昌的荀彧。

荀彧在回信中写道：

> 绍军虽众，而不能用；以公之神武明哲，何向而不济！今军实虽少，未若楚、汉在荥阳、成皋间也。公今画地而守，扼其喉而使不能进，情见势竭，必将有变。此用奇之时，断不可失。惟明公裁察焉。

曹操收到信后十分高兴，坚定了打败袁绍的信心，后在许攸帮助下，烧掉了袁绍的粮草，获得了官渡大战的胜利。

在曹操早期的竞争对手中，袁绍可算是最强大的。关东诸侯兴兵讨伐董卓的时候，袁绍就是联军的盟主，联军解体后，袁绍在黄河以北大肆扩张，很快就成为冀、青、幽、并四州的主人。然而，大将如云、谋士众多、甲士数十万的袁绍并未将优势保持多久。官渡一战，丢盔弃甲、全军覆没，他成为曹操的手下败将。用荀彧的话说："袁绍不过是一个平庸的首领罢了，能聚集人才，却不会使用。"

在官渡大战的过程中，尽管袁绍有田丰、沮授等优秀谋士，但却从不听他们的逆耳忠言。官渡大战前，田丰审时度势，认为连年征战、士兵都很疲劳，不宜兴师动众。袁绍听后大为恼火，竟把田丰关进监狱。开战后，沮授又劝袁绍拨重兵守卫粮草，袁绍却自以为是，根本听不进沮授的建议。结果，曹操夜袭乌巢，烧掉袁绍粮草，袁军在失掉粮草后不战自乱，一败涂地。

如果袁绍能像曹操那样多听一些逆耳的建议，他就不会失败了。曹操的势力能从小到大、从弱到强，主要得益于他善于纳谏并及时改正错误。

除了纳言，曹操对部属还很宽容。有的人甚至犯了该杀之罪，曹操也会既往不咎，继续重用。

建安十九年（公元214年），曹操想征讨孙权。由于天气不好，连下大雨，曹操担心有人劝阻，便下令说："今孤戒严，未知所之，有谏者死。"丞相府的贾逵认为不该在这种天气下出兵，便和同僚三人联名向曹操提意见。曹操虽然很生气，但认为贾逵并没有恶意，就下令原谅了他。

曹操担任兖州牧时，用东平人毕谌为别驾。张邈反叛时，扣押了毕谌的母亲、弟弟和妻子儿女；曹操向他表示歉意，打发他回去，并说："你的母亲在张邈那里，你可以回去。"

毕谌叩头谢恩，表示决无二心，曹操称赞他，还感动得流下眼泪。但毕谌出了营门，就逃到张邈那里。等到吕布被打败，毕谌被活捉，大家都为毕谌担心，曹操却说："一个人能孝顺他的父母，难道会不忠于君主吗？我所寻求的正是这样的人啊。"于是任命毕谌为鲁国相。

如果毕谌被曹操杀死，无论是政敌，还是朋友，都不会指责曹操，因为曹操杀的是叛徒。但曹操并未因毕谌背叛他就将其处死，而是设身处地地为毕谌着想，理解他因孝而叛的心情。允许人犯错误并允许人改正错误，这是古今中外伟人都具有的优点，曹操正是具有这样的优点，才能够宽恕毕谌对他的背叛，并重新重用毕谌。

宋人洪迈在《容斋随笔》中对曹操有着很中肯的评价，尤其在用人方面，非常恰如其分：

> 曹操为汉鬼蜮，君子所不道，然知人善任使，实后世之所难及。荀彧、荀攸、郭嘉，皆心腹谋臣，共济大事，无待赞说。其余智效一官，权分一郡，无小无大，卓然皆称其职……操无敌于建安之时，非幸也。

曹操之所以成就大业，得益于其审时度势，多谋善断。在扫荡政敌，诛除异己，树威秉势上，这些固然发挥了特殊作用。然而，单凭树威秉势还不足以成大业。知人敢任，施恩尽能的特殊才能、智谋和魄力才是他雄踞一方的决定性因素。

曹操破袁绍后，在清理袁绍用品时，于图书中捡到书信一束，皆许都及军中诸人与绍暗通之书。左右曰："可逐一点对姓名，收而杀之。"操曰："当绍之强，孤亦不能自保，况他人乎？"遂命尽焚之，更不再问。

曹操发现了这些曾背叛自己的书信，并没有恼羞成怒，相反，他以一种换位思考的方式，让自己从当事人的角度去考虑问题。

"如果当时是我，我该怎么办？我是不是也要像他一样，弃主投敌呢？我会的，我肯定会的。人往高处走，水往低处流，谁也犯不着拿着自己的生命开玩笑。回到那种情急危险时刻，我想我肯定也会那样做的。"正是基于这种换位思考，他深深体会和理解了这些人的做法，不仅从情感上加以接受，而且在实际行动中也做到了容忍和宽恕。

曹操无疑是明智的。如果他连这么一点度量都没有，试想谁还能投奔他，谁能为他效力？从当前的大局来考虑，自己的漫漫征途刚刚开始，怎么能因这么一点小事而在内部大动干戈呢？最后遭受损失的岂不是自己？所以说，这种愚蠢的内耗于人于己都没有任何好处。因此，曹操采取该杀而不杀的策略收买人心，让各种人真心实意地为自己效力，这就是他做统帅的高明之处。对曹操和袁绍都很了解的杨阜，称曹操"能用度外之人"，真是一点不假。曹操就是凭着他恢宏的气量，俘获了很多能人志士的心，使他们忠心耿耿地为成就他的统一霸业做出最大的努力。

可喜的是这种举措很快收到了效果，曹军大营中的人心迅速被安定。建安五年（公元200年），曹操在官渡之战中以少胜多，击败北方最大的军阀袁绍，巩固了自己在中原及北方的地位。

另外，曹操还是一个善于容忍的英雄。

在魏、蜀、吴三国中，他以能忍著称。无论是逆境，还是顺境，他都能做到韬光晦迹，不露声色。

董卓把持朝政时，公然在众大臣面前欲行废立之事，荆州刺史丁原、尚书卢植、中军校尉袁绍都挺身而出，怒斥董卓的倒行逆施，时任典军校尉的曹操却一言不发、默不作声。结果，丁原被董卓设计杀死，卢植被迫辞官归家，袁绍被逼无奈，投奔冀州。

曹操容忍董卓胡作非为，并非贪生怕死，而是在等待除掉董卓的机会。丁原、卢植、袁绍逞一时之能，在远非董卓对手的情况下，就与董卓发生正面冲突，失败自然难免。曹操久在朝廷，他完全知道何时何地以何种方式对付董卓，他也痛恨董卓废立皇帝，但考虑到自己还不具备与董卓相抗衡的实力，所以就忍气吞声，等待时机，正如他所言："近日操屈身以事卓者，实欲乘间图之耳"（《三国演义》语）。孔子说"小不忍则乱大谋"，如果丁原、卢植、袁绍都能像曹操那样忍辱负重，待机而动，诛除董卓的时间可能就会被提前很多。

曹操善于容忍的个性贯穿了他的一生。

公元196年，曹操迎汉献帝于许昌，汉献帝终于结束了颠沛流离的生活。然而，作为皇帝，汉献帝不甘心受曹操的控制。从公元196年至公元220年，汉献帝共发动两次旨在除掉曹操的宫廷政变。

公元200年，曹操剿灭吕布后，势力日渐强大，汉献帝担心曹操专权误国，就咬破手指，写血诏一份交车骑将军董承，董承又联络刘备、马腾等人，密谋除掉曹操，后因家奴向曹操告密，董承5人及全家老小都被曹操诛杀。

公元215年，汉献帝同意伏皇后写信给父亲伏完，令其想办法赶走曹操，伏完的回信还未送到皇帝手里就被曹操发现，曹操勃然大怒，将伏皇后、伏完等二百余人全部处死。

至此，汉献帝阴谋除掉曹操的计划宣告破产，曹操除处理那些参与阴谋计划的大臣外，并未像董卓那样废掉皇帝，而是继续以大臣之礼对待汉献帝。

能够容忍，所以宽容。在古今中外的历史上，能够宽容对待投降者的人也许不少，但像曹操一样不计前嫌的人实在不多。

建安四年（公元199年），即官渡之战前一年，袁绍兼并了幽州公孙瓒，兵多将广，袁、曹对立更为尖锐。

官渡大战前夕，袁绍为了孤立曹操，准备收买曾经投降曹操后又背叛曹操的张绣，曹操接受孔融的建议，也想通过招降张绣来消除隐患，解除后顾之忧。

《三国演义》有这样的描述：

> 孔融曰："方今隆冬盛寒，未可动兵，待来春未为晚也。可先使人招安张绣、刘表，然后再图徐州。"
>
> 操然其言，先遣刘晔往说张绣。晔至襄城，先见贾诩，陈说曹公盛德。诩乃留晔于家中。次日来见张绣，说曹公遣刘晔招安之事。正议间，忽报袁绍有使至。绣命入。使者呈上书信。绣览之，亦是招安之意。
>
> 诩问来使曰："近日兴兵破曹操，胜负何如？"
>
> 使曰："隆冬寒月，权且罢兵。今以将军与荆州刘表俱有国士之风，故来相请耳。"
>
> 诩大笑曰："汝可便回见本初，道'汝兄弟尚不能容，何能容天下国士乎！'"当面扯碎书，叱退来使。

面对曹操和袁绍抛过来的绣球，张绣不知道该接哪一个了。如果倒向曹操，他又担心曹操不忘宛城与自己结下的杀子之仇，容不得自己；如果投奔袁绍，他又害怕得不到重用，人马白白让袁绍吃掉，到底何去何从，张绣有些迷茫。

> 绣曰："方今袁强曹弱；今毁书叱使，袁绍若至，当如之何？"

诩曰:"不如去从曹操。"

绣曰:"吾先与操有仇,安得相容?"

诩曰:"从操其便有三:夫曹公奉天子以令天下,征伐天下,其宜从一也。绍强盛,我以少众从之,必不以我为重,操虽弱,得我必喜,曹公从二也。曹公霸王之志,必释私怨,以明德于四海,其宜从三也。愿将军无疑焉!"

绣从其言,请刘晔相见。

晔盛称操德,且曰:"丞相若记旧怨,安肯使某来结好将军乎?"

绣大喜,即同贾诩等赴许都投降。绣见操,拜于阶下。

操忙扶起,执其手曰:"有小过失,勿记于心。"遂封绣为扬武将军,封贾诩为执金吾使。

在贾诩合情合理、深入透彻的分析下,张绣的投奔目标逐渐清晰,他终于下决心弃袁投曹。当他怀着忐忑不安的心情到许昌投降时,曹操不仅原谅了他对自己的背叛,而且还请张绣原谅自己的过失。就曹操和张绣之间的恩怨来讲,绝不亚于东吴甘宁与凌统的恩怨。张绣杀了曹操的儿子和侄儿,甘宁杀了凌统的父亲。然而,曹操不但未兴兵复仇,还在皇帝面前保举张绣做了扬武将军,封为列侯;凌统虽未能杀甘宁,却时时刻刻存有复仇之心。相比之下,曹操的心胸就宽阔多了。

这样,在曹操即将同袁绍决战官渡的前夕,张绣听从贾诩之策,二次归顺曹操。张绣率众归降时,曹操也兑现诺言,执其手,与之欢宴,并令其子曹均娶了张绣之女。过去的旧怨,只字不提,仿佛烟消云散了。张绣的归降，为曹操平定中原解除了一个重大威胁，否则，张绣与袁绍联手，必然会给曹操造成极大麻烦。然而，真正立功并得到曹操赏识、信任的并非张绣，而是两次劝说张绣归降曹操的贾诩。

《三国志》说：

> 太祖见之，喜，执诩手曰："使我信重于天下者，子也。"表诩为执金吾，封都亭侯，迁冀州牧。

曹操释去昔日仇怨，联合张绣，称得上是"不念旧恶"了。其实，这依然是利用矛盾化敌为友、孤立袁绍的一种权术手段。不过，它确实显示出曹操为对付主要敌人而不惜与旧日仇怨联手的明智策略和高明手腕，彰显出他的大局意识。

善纳言、心胸广、能容忍的大气度，让一大批文臣武将聚集到了曹操的身边，为壮大自己的力量、巩固雄踞中原的局面奠定了坚实的基础。

第三节　不怕输

在汉末群雄相互兼并的战争中，曹操一败于徐荣，再败于吕布，三败于张绣，四败于刘备、孙权，五败于马超……每次失败都有送命的可能。然而，曹操并没有向失败低头，更没有含羞自杀，而是经常能从失败中总结经验教训，避免重蹈覆辙，表现出了一种大无畏的英雄气概。

曹操起兵初期，文有荀彧、荀攸、郭嘉、程昱等为佐，武仅李典、乐进、夏侯惇、夏侯渊、曹仁、曹洪为将，率两三千乌合之众。在讨伐董卓的战斗中，奋力向西，勇往直前，当董卓败逃、众诸侯裹足不前时，曹操率领自己的人马星夜追击董卓。由于孤军深入，曹操中了董卓设下的埋伏，如果不是曹洪及时赶到营救，曹操早就命丧黄泉、魂飞天外了。

《三国演义》再现了这一段精彩的历史：

> 曹操出马，大叫："逆贼！劫迁天子，流徙百姓，将欲何往？"
>
> 吕布骂曰："背主懦夫，何得妄言！"
>
> 夏侯惇挺枪跃马，直取吕布。
>
> ……
>
> 曹操慌忙策马，夺路奔逃，正遇徐荣，转身便走。荣搭上箭，射中操肩膊。操带箭逃命，踅过山坡。两个军士伏于草中，见操马来，二枪齐发，操马中枪而倒。操翻身落马，被二卒擒住。只见一将飞马而来，挥刀砍死两个步军，下马救起曹操。操视之，乃曹洪也。

这一仗，曹操损失很大，逃出重围后，仅剩五百余人。对此，曹操并未心灰意冷，而是带着残兵败将，到扬州另图发展了。

其后，曹操在青州击败黄巾军，俘虏三十余万人马，将其精锐部分收编为"青州兵"，实力自此猛增，羽翼日渐丰满。

公元194年，曹操兴兵攻打徐州，为父报仇，张邈在陈宫的鼓动下背叛曹操，迎请吕布。一时间，各郡县纷纷响应，曹操的根据地受到严重威胁。为巩固自己的后方，曹操只好回师平叛，在濮阳，曹操与吕布相遇，展开一场激烈的争夺战。

《三国演义》描写说：

> 曹操争先拍马而入。直到州衙，路上不见一人。操知是计，忙拨回马，大叫："退兵！"州衙中一声炮响，四门烈火，轰天而起；金鼓齐鸣，喊声如江翻海沸……却说曹操见典韦杀出去了，四下里人马截来，不得出南门；再转北门，火光里正撞见吕布挺戟跃马而来。操以手掩面，加鞭纵马竟过。
>
> 吕布从后拍马赶来，将戟于操盔上一击，问曰："曹操何在？"
>
> 操反指曰："前面骑黄马者是也。"
>
> 吕布听说，弃了曹操，纵马向前追赶……方到门道边，地门上崩下一条火梁来，正打着曹操战马后胯，那马扑地倒了。操用手托梁推放地上，手臂须发，尽被烧伤。典韦回马来救，恰好夏侯渊亦到。两个同救起曹操，突火而出。

如果吕布认出曹操，凭吕布的骁勇，曹操再有十个脑袋也逃不出吕布的手心。然而，凭着临阵不慌和随机应变，曹操硬是从吕布的戟下捡回一条性命。

濮阳之败非但没有使曹操一蹶不振，反而促使他卧薪尝胆、再图崛起。后来，曹操终于在白门楼缢死吕布，报了濮阳之仇。

对曹操而言，每次失败都像一针兴奋剂使他进一步振作起来。他不怕失败，对一次又一次的打击，从不肯低头屈服。在失败的时候，他除了哈哈大笑，就是重振旗鼓，东山再起。尽管他的笑是含泪的笑，但他永不言败的精神，确实令对手不寒而栗。孙权对曹操所说的"足下不死，孤不得安"就是一个很好的例证。

在汉末群雄并起、相互攻伐的过程中，曹操仅用数年时间，便脱颖而出：破黄巾、灭吕布、讨袁绍、杀马腾……纵横东西南北，扫除诸路英豪，势力日趋强大，威严远及边塞，可谓实力雄厚。

相反，袁绍的势力却由强到弱、由弱到亡，官渡一战，全军覆没。冀、青、幽、并四州在不到七年的时间里就相继落入曹操手中。

虽然有"皇帝轮流做，明年到我家"之说，但曹操战胜袁绍决非这么简单，没有胜不骄、败不馁的精神，曹操不可能由一个逃犯逐渐成为雄霸一方的诸侯。

从参与讨伐董卓开始，曹操一步一个跟头，跌倒再爬起来，不断地游离于成功与失败之间，这从他的战斗经历中就可以看出来。

公元190年春，曹操在追赶董卓时，因孤军深入而遭重创，本人也受了伤。

公元191年，曹操击黑山军的濮阳之战。

公元192年，曹操攻黄巾的寿张之战。

公元193年，曹操攻陶谦、击袁术之战。

公元193年秋，刚刚恢复元气、实力有所增强的曹操出兵征讨陶谦，连续攻下十多座城邑。

公元194年夏，曹操在濮阳和吕布又展开争夺战，以逸待劳的吕布用陈宫之计将曹操诱入城中进行围歼，疲惫不堪的曹操左冲右突，拼死逃命，人马损失殆尽，自己也被烧伤。

公元194年，恢复兖州之战。

公元195年春，曹操打定陶，以奇兵突袭的方式大败吕布，吕布连夜逃走，曹操占领定陶并平定了周围各县。

八月，曹操围攻雍丘。十二月，雍丘被攻破，兖州平定。

公元196年，击何仪。何仪为黄巾军，归袁术后，被曹操击破。

公元196年十月，曹操征讨拦截汉献帝的杨奉，占领杨奉在梁县的军营，杨奉投奔袁术。

公元197年春，曹操进攻宛城，张绣先降后叛，发动兵变，曹操损兵折将，损失巨大。

九月，袁术进犯陈县，曹操率军征讨，袁术闻知曹操亲临前线，便扔下军队逃过淮河。

十一月，曹操出兵南征张绣、刘表，攻破湖阳和舞阳。

公元197年，蕲阳之战。

公元198年三月，曹操在穰县包围张绣。五月，刘表出兵救援张绣，截断曹操的退路。腹背受敌的曹军在曹操指挥下背水一战，奋勇杀敌，自以为胜券在握的张、刘联军在曹军以一当十的猛攻下，大败而归。

九月，曹操东征吕布。十月攻克彭城，进逼下邳，曹操采用荀攸、郭嘉的建议，决开泗水和沂水灌注下邳城。一个多月后，祸起萧墙，城内发生内讧，部将宋宪、魏续等人抓了吕布，献城投降，曹操占领下邳，杀死吕布和陈宫。

公元199年二月，曹操进军到黄河边，击溃眭固的拦阻，渡过黄河，包围射犬，薛洪、缪尚率部投降。

公元200年正月，董承、刘备等人意图谋害曹操的事败露，曹操亲率大军东征刘备，一鼓作气攻克徐州和下邳，俘虏刘备的家属和大将关羽。

二月，袁绍派军进驻黎阳，准备南渡黄河攻打曹操。十月，曹操采纳许攸的建议以奇兵突袭乌巢，烧掉袁绍的辎重和粮草，乘袁军大乱之计，指挥军队前后夹击，打垮袁绍数十万人的进攻。

公元201年四月，曹操在仓亭打败袁绍的守军。九月，曹操又南征刘备，刘备闻风而逃，投奔了刘表。

公元202年九月，曹操继续讨伐盘踞在河北的袁尚和袁谭。

公元203年三月，曹军推进到黎阳城外，袁尚、袁谭出城迎战，败逃邺城。

公元204年八月，曹操攻入邺城。

公元205年正月，曹操进攻袁谭，战斗非常激烈，曹操亲自擂鼓助战，士兵们精神振奋、奋勇争先，冀州很快就被攻克。

公元206年正月，曹操征讨袁绍的外甥高干，因高干据守地势险峻的壶关，曹军历尽艰险才包围壶关。在《苦寒行》中，曹操对当时的行军作了详细的描述，诗中写道：

> 北上太行山，艰哉何巍巍！
>
> 羊肠坂诘屈，车轮为之摧。
>
> 树木何萧瑟，北风声正悲！
>
> 熊罴对我蹲，虎豹夹路啼。
>
> ……
>
> 担囊行取薪，斧冰持作糜，
>
> 悲彼《东山》诗，悠悠令我哀。

经过三个月的艰苦作战，曹操终于攻克壶关。

公元 207 年，曹操北征乌桓一举成功。从此，曹操彻底清除了袁氏在北方的残余势力，基本统一了中国北方，巩固了自己在北方的地位，为南征孙权、刘备和其他诸侯做好了充分的准备。

公元 208 年七月，曹操南征刘表。九月，曹操到达新野，刘琮投降，刘备逃往夏口。十二月，孙权与刘备联合，火烧赤壁，大败曹军。

公元 211 年七月，曹操西征马超，用离间计大败对手，关中平定。

十月，曹操从长安出发攻打驻守安定的杨秋，杨秋在突围无望的情况下投降。

公元 212 年，曹操打凉州，马超败奔汉中。

公元 213 年正月，曹操进军濡须口，攻破孙权在长江西岸的营地，俘虏了孙权任命的都督公孙阳。

公元 214 年，曹、孙宛城之战。

公元 215 年三月，曹操西征张鲁，鲁投降，平定汉中。

公元 215 年，曹、孙合肥之战，曹操破窦茂。

公元 217 年二月，曹操进驻长江西岸的郝溪，孙权在濡须口筑城据守，曹操指挥曹军发动多次进攻，孙权不得不撤退。

公元 219 年三月，与刘备争夺汉中，刘备在诸葛亮的协助下，利用险要地形击败曹操。

十月，曹操自洛阳南征关羽，未到樊城，徐晃已打败关羽。

公元 220 年正月，曹操回到洛阳，正月二十三日，病死于洛阳。

从曹操的戎马一生中不难看出，他很少离开鞍马和战场，在他的军旅生涯中，休整时间很少有超过三年的，有时一年要打好几个大仗，无论胜负，他从未停止过前进的脚步。为平定天下，他夜以继日地东征西讨，充分体现出只争朝夕的精神。在失败面前，他从没泄气过，即使失败了也能很快重振旗鼓。因此，曹操才能在短短的三十年里，马不停蹄地征讨和不知疲倦地扩张，创造了一连串战争奇迹，使魏成为三国中实力最强的国家。

第七章

汉贼还是晋祖

第一节　不称帝

曹操素来以奸诈狡猾而驰名。然而，他却始终屈于人臣。这就令我们不得不另眼看待他了。当很多人不择手段地争当皇帝时，他却急流勇退了。曹操确实把名利看得很淡，不慕虚荣，因为他知道权力只属于那些真正有实力的人。

对曹操而言，他吸取了袁术称帝的教训，同时又感到自己只有其实而无其名。曹操在对待帝位的问题上实事求是，未给自己增加一些无谓的困难和烦恼。有人评价曹操时，说他未称帝是一生中最大的遗憾。事实上，曹操在世时，称帝也不是什么大不了的事情，但他没有称帝还是有他的道理。用他的话讲，自己不想上火炉让别人来烤。由此，我们不能不说曹操在看问题时，整体先于个人，国家先于名誉。换句话讲，以曹操对魏的历史功绩而称之为"无帝之帝"绝不过分。

从古到今，谁都知道做皇帝好，但是皇帝并不好做，有些时候，虽有皇帝之实，却不能有皇帝之名。远的不说，就以袁世凯为例，如果他不称帝的话，也许能多活几年，多做几年总统，但是他偏要皇帝之名，最后只是玩了一场闹剧。一个人无论有多大实力，总要受各种因素的制约，不可能为所欲为。如果一意孤行，最后吃亏的只能是自己。

不识时务，不知进退，错误地估计了形势，过高地估计了自己的力量，是董卓败亡的主要原因。

董卓之所以发迹，主要不是由于他的战功和政绩，而是将皇帝掌握在自己的手中，近水楼台先得月，他的官职由太守、中郎将，很快升到太师的位置，真可谓是一人之下，万人之上。可是董卓自以为功高盖世，竟要取代汉献帝刘协之皇位，结果皇位未登，自己却曝尸街头，遭万民唾骂。

张角、张宝、张梁三兄弟领导的黄巾军大起义，沉重地打击了东汉政权。黄巾军起义失败之后，国家需要恢复元气，老百姓需要生息，社会需要安定，作为一个国家权力的象征，作为一种社会安定的象征，在封建社会中就要有一个皇帝存在。所谓"国不可一日无主"，就是这个意思。在镇压黄巾军起义的战争中，各种政治、军事力量迅速崛起，包括董卓在内。在这种形势下，由东汉的君主作为天下的共主，就可以防止野心家、阴谋家为争夺皇位而爆发战争；东汉的皇帝坐在皇位上，就可以起到某种平衡的作用。而董卓杀掉少帝，擅自立献帝刘协，最后不识时务又要自己称帝，这就打破了权力的平衡，招致各方的反对和讨伐，最终引来杀身之祸。

东汉政权经黄巾军大起义之后，虽然已到了穷途末路，但还有一定的政治影响力。征伐黄巾军的各路诸侯，是以勤王为旗号。曹操企图暗杀董卓，最后吕布刺杀董卓，都是打着"为国家除贼"的旗号。不管这些人出于什么目的，但打的旗号都是一样，那就是为了国家，亦即是皇室。董卓权倾朝野，小皇帝对他的话言听计从，从权力上来说，他的权力早已超过了皇帝。从生活待遇来说，他的宫室和皇宫的规格一样，还有800名美女侍候着，他可以不用上朝，应该心满意足了。

论德，董卓无德可言；论才，更谈不上。和张角的黄巾军一交手，他就立即败下阵来。他的权力和富贵，是机遇的赐予。他自不量力，不识时务，而要做什么皇帝，怎能不成为众矢之的，而导致身败名裂？实际上，上至皇帝，下至公卿、百姓，董卓几乎都得罪了，人人都恨不得食其肉、寝其皮。王允，作为一个有心计的大臣，为了维护自己的权势，用连环美人计，离间董卓和吕布，借吕布之手刺死了董卓。

所以一个人要知进退，识好歹。识时务者为俊杰，这话一点也不假。

曹操没有把皇帝刘协撵下龙椅，毕其生东拼西杀，却得了"挟天子以令诸侯"的混名。

自古成者王侯败者寇，有的人虽然手拎着血淋淋的宝剑，脸上却贴了金，很正义地端坐在龙椅上，面对群臣，君临天下。弑君起家的皇帝也顺理成章地成了人物，令史学家们欲说还休、欲罢不能，无可奈何，不得不在史书中为之费上一点笔墨。

曹操没有代汉自立，却留下了被人斥骂的把柄。

如果曹操不是宦官的孙子，而是汉室宗亲，他或许也不会挨骂。代汉自立的是曹丕，当宦官的是曹腾，挨骂的却是曹操，这颇有株连的意味。然而退一步说，曹丕代汉不可以吗？

想当初汉高祖刘邦一句"大丈夫当如是"，夺了天下，刘氏家族的人从此坐了四百多年的龙椅。按照"皇帝轮流做"的原则，曹氏家族的人做做皇帝又何妨？

诸葛亮在东吴舌战群儒时认为："曹操祖宗叨食汉禄，不思报效，反怀篡逆之心，天下之所共愤！""曹操既为曹相国之后，则世为汉臣矣；今乃专权肆横，欺凌君父，是不惟无君，亦且蔑祖，不惟汉室之乱臣，亦曹氏之贼子也。"在诸葛亮看来，曹操罪大恶极，人人可得而诛之。

其实，诸葛亮为曹操罗列的绝大多数罪名是不成立的。曹操自从入仕以来，勤于王事，忠于职守，根本不存在"不思报效"的言行。在各路诸侯中，真正能够将毕生精力献给汉朝江山社稷的似乎只有曹操一人。他以一小小的骁骑校尉，敢于舍身行刺欺君弄权的董卓，如他自己所讲是"吾屈身事卓者，欲乘间图之，为国除害耳"。

行刺未果后，他又只身逃离虎口，发矫诏组成联军讨伐董卓，在其他诸侯徘徊观望、裹足不前的情况下，他带领自己的军队奋勇追击董卓，差点儿丧了命。

公元196年，曹操将汉献帝迎到许昌，从此，作为朝廷重臣，他更是不遗余力地东征西讨，独立支撑着摇摇欲坠的东汉王朝。虽然他有"挟天子以令诸侯"的嫌疑，但他打着皇帝的旗号去征讨那些割据一方的诸侯，说到底也是为东汉王朝清除不安定因素。

诸葛亮说曹操"欺凌君父"，事实上，曹操虽然挟持皇帝，但他始终未把自己凌驾于皇帝之上，在诸侯竞相争夺天下，汉朝已名存实亡的现实中，曹操依然奉汉献帝为君，即使汉献帝两次设计要除掉他，他也没有像董卓那样废掉皇帝，而是继续维护君臣之间业已存在的关系。

诸葛亮说曹操"怀篡逆之心"实在是冤枉曹操，凭曹操的才华和实力，完全可以取代汉献帝，曹操不但没有代汉自立，反而尽心竭力辅佐献帝二十年之久。

作为权倾朝野的丞相，他虽未做到诸葛亮那样对自己的国君鞠躬尽瘁、死而后已，却不像司马昭兄弟那样时刻都心存篡逆的野心。

孙权杀了关羽、夺了荆州后，怕刘备报复，更怕刘备与曹操联合，便把关羽的头装在木匣子里，派人送到曹操那里，同时又写了封信，再一次表示愿意向曹操"称臣"，并劝曹操顺应天命，及早称帝。曹操接到信，随手递给左右心腹看。左右看了，说道："汉朝寿命已尽，大王功德无量，天下人都仰望你做天子。"曹操却笑着说："孙权要把我放在炉火上烤啊！"曹操明白，废掉献帝，自己称帝，是很容易的，问题是，汉室虽然衰落，可仍旧还有个正统的名义。前一时期，自己称魏公、称魏王都带来了许多麻烦，如今再要称帝，反对的人肯定更多。但左右心腹又说："大王称帝，上合天意，下合民心，还有什么可怀疑的呢？"

"不，不行。"曹操说道，"如果天命在我，我就做周文王吧！"

周文王三分天下有其二，但仍旧做着殷朝的臣下，他儿子才灭了殷做了王，就是武王。曹操说自己做周文王，意思就是说，他这一生做魏王就可以了，让他的儿子去做皇帝吧。

对来自不同方面的劝进，不管是善意的还是恶意的，曹操都未采纳。相比之下，同为朝廷重臣的司马昭兄弟，在无人劝进的情况下，却流露篡位称帝的野心。

论功绩，司马昭兄弟根本赶不上曹操；论资历，司马昭兄弟也不如曹操。但曹操在深得人心、势力日盛时，并未因辅佐江河日下的东汉王朝而产生非分之想。作为乱世的将相，曹操确实没有枉为人臣，他运用自己的聪明智慧，依靠非凡的魄力，把一个杂乱无章的天下梳理得清清楚楚。没有曹操，汉亡后就可能像五胡十六国那样，出现众多的割据势力。一个大臣能影响到天下形势的变化，这在古今中外的历史上都是罕见的，许劭评价曹操时所说的"你是太平时期的能臣，动乱时代的奸雄"真可谓恰如其分。

"施于有政，是亦为政"语出《论语·为政》，大意是说只要《尚书》上说的孝顺父母、友爱兄弟的风气影响到政治、参与政治，何必一定要做官才算参与了政治呢？曹操引用过这句话，意在说明只要掌握了实权，不必计较有没有皇帝这个虚名。他表示，即使当皇帝的时机已经成熟，他也不当皇帝，而要像当年的周文王那样给周武王奠定基业，积极创造条件，让自己的儿子去做皇帝。

曹操这句话，实际上已经表明了长期隐藏在他心中的代汉意图，只不过这最后的一个步骤他不想由自己来完成，而由他的儿子来完成。曹操为什么不称帝呢？看来主要有以下几方面的考虑：

第一，孙权劝他称帝，是从自己的利益考虑的。一来，孙权认为这样做可以博得曹操的欢心，从而实现吴、魏的和好，自己就可抽出身来专力对付蜀汉。襄樊之役中，孙权为了从刘备手中夺回荆州，从背后袭杀关羽，帮了曹操的大忙，但却得罪了刘备，结束了吴、蜀之间长达十年的联盟关系，这时他比什么时候都更需要缓和同曹魏的矛盾，不然就可能陷入两面作战的不利境地；二来，孙权认为曹操如果真的称帝，就会再次招致拥汉派的强烈反对，从而陷入困境，减轻对吴国的威胁。因此，孙权貌似恭顺，实则是在使坏，曹操看穿了孙权的意图，不肯轻易上当。

第二，从当时的情势看，如果贸然称帝，确实会给政敌和拥汉派势力增加攻击的口实，使自己在政治上陷入被动。纵观曹操的一生，内部的反对和反叛大多发生在他当魏公、魏王之后，这是很能说明问题的。因此，继续维持献帝这块招牌，对于安抚拥汉派，巩固内部，仍有不可忽视的作用。

第三，至少从建安十五年（公元210年）起，曹操一再"自明本志"，说自己绝无代汉自立之心，言辞恳切，说了差不多十年，现在如果突然变卦，违背自己当初的承诺，势必会对自己的声誉造成不利的影响。所以，还是一如既往地将戏演到底为好。

第四，曹操是一个讲求实际的人，只要掌握了实权就够了，并不怎么看重虚名，"施于有政，是亦为政"一语就已充分证明了他内心的真实想法。

第五，曹操当时已64岁，年纪大了，估计自己将不久于人世，这也可能是其不愿称帝的另一个重要原因。

总之，曹操不当皇帝，是从策略上全面权衡得失后所做出的决定，是一种明智而周密的谋虑。曹操以"三分天下有其二"的周文王自许，似乎是对他自己一生的业绩和名位做了一个总结和评定。

虽然曹操没当皇帝，但由于他已经控制了汉献帝，并为他的儿子正式代汉创造了条件，在封建正统思想的影响下，在旧小说、旧戏剧的宣传下，过去人们往往把他当成"篡汉"的奸臣，而加以否定，不能正确地评价他，给他以应有的历史地位。正像鲁迅所说的那样：我们讲到曹操，很容易就联想起《三国演义》，继而想起戏台上那一位花面的奸臣，但这不是观察曹操的真正方法。

"愿以天下为重"。这是赵云在劝说刘备不要伐吴时所说的一句话。这句话，既体现了深度思考的价值取向，又体现了广度思考的社会责任感。曹操的不当皇帝和致力统一，正是这种思考的结果。

"奉天子以令不臣"与"挟天子而令诸侯"虽只几字之差，却忠奸大异。正是由于曹操"奉"着天子，"奉"与"挟"又一字失千里，所以曹操又名不正言不顺，不能自己做皇帝。尽管曹操最终达到了实际权力的顶峰，名是否正，言是否顺似乎也没有考虑的必要，但角色定位的限制，使曹操终其生只能做个"周公"，而不能做皇帝。

第二节　煮豆燃豆萁

纵观秦皇汉武、唐宗宋祖这些历史上令人瞩目的实干家们，他们在处理各种事件中最谨慎的莫过于选择继承人。曹操在这个问题上同样被困住了。

曹操的儿子很多，个个聪明可爱，而且曹操望子成龙，情意殷殷，他期望把儿子们培养成能文能武的国家栋梁。这从曹操赠刀的故事中可以看出。

漫长的霸主之路，使曹操深明：只有文武全才才是成就一方霸业的基础。因此，他在培养诸子上也是力求高标准的。身在乱世，要想成为英杰，必须要让诸子成为既能习文又能习武的全才。

曹操有一把宝刀叫"百辟刀"，用做"慑服奸宄者"，为"百炼利器，以辟不祥"之意。他让工匠仿造了5把，自留2把，其余分赠曹丕、曹植和曹林。曹植曾写《宝刀赋》记叙此事，其序文如下："建安中，家父魏王，乃命有司造宝刀五枚，三年乃就。以龙、虎、熊、马、雀为识，太子得一，余及余弟饶阳侯各得一焉。其余二枚，家王自仗之。"

文中有形容刀之锋利的词句，如："陆断犀革，水断龙角，轻击浮截，刃不纤削。逾南越之巨阙，超西楚之太阿"。"陆断"二句，言其适用于水陆攻战。"轻击浮截"，是说刀轻用之省力。"刃不纤削"，是说其经久耐用。巨阙剑为越王勾践所佩，太阿剑为欧冶子、干将所铸。百辟刀超过了著名的巨阙剑和太阿剑，可见其珍贵。

曹操还送给曹植四副铠甲：黑光铠、明光铠、两当铠、环锁铠各一领，银鞍一具，大宛紫血马一匹（即产于西域大宛的紫红色的汗血马），非常名贵。曹植说："此马形法应图，善持头尾，教令习拜，今辄已能，又能行与鼓节相应。"良马应该具备的条件，它全都具有，而且性情温驯，极通人性，行走、疾驰与鼓音急缓节奏相应，令人不胜喜爱。

曹操送宝刀、铠甲、马鞍和战马给诸子，意在勉励他们习文不忘练武，只有文武双全者才能适应战争的环境。

曹操还常常在征战之时带诸子随行，诸子成人则授权领兵，使之经风雨、见世面。建安二十年（公元215年）七月，他拟选三子任寿春、汉中及关中的军政长官，他说："诸子年幼之时，我皆喜爱，但成人之后，德才优秀的儿子才能委以重用。我言行一致，对部下不偏私，对诸子也不偏爱。"由于寿春和汉中战局发生急剧变化，后来只有曹彰任代理骁越骑将军，领兵镇守关中。

在诸子封侯方面，曹操也坚持一个标准。曹彰、曹植、曹据、曹林四子是建安十六年（公元211年）首批被直接封县侯的，同年曹宇、曹铄二人被封为乡侯，起点较低者为亭侯，如曹干是建安二十年第二批封侯的，为高平亭侯。曹茂是建安二十二年（公元217年）第四批被封侯的，为万岁亭侯。其原因为曹干当时才1岁，年纪太小；曹茂"性傲，少无宠于太祖"，小时候不愿意接受正面的教育，长大之后搞歪门邪道。第三批分封于建安二十一年（公元216年），曹衮为平乡侯。

曹操爱子，并注重因材施教。这不仅显示出了他作为一代军事家的高度修养，同时也体现了他作为一个父亲宽广博爱的胸怀。

曹彰从小就骑马射箭，体力过人，敢于同猛兽捕斗。而曹操却对他说："你不读书仰慕圣道，而只喜好骑马击剑，不过是一介武夫而已，没有什么可值得骄傲的。"督促他读《诗》《书》等著作，叫他提高自己的修养和素质。可是曹彰对读书根本没有兴趣，他对左右说："大丈夫就应该顶天立地，像卫青、霍去病那样，率领千军万马驰骋沙场。"

一次，曹操要几个儿子谈谈自己的志向，曹彰明确地回答："身为男儿，就应该身披盔甲，手持锐器，面临危难而无所顾忌，大义凛然，身先士卒。有功的一定要奖赏，有过的一定不能放过。"曹操听罢，哈哈大笑，他感觉儿子这不是在说自己吗？他见曹彰如此爱武，也就不再勉强他一定学文了。这也算是因材施教、因人制宜吧。

曹丕，字子桓，从小就会骑马射箭，写诗作文也是能手。曹丕长大成人后跟其父亲一样，也是一个能文善武的人物。

建安十六年（公元211年），曹操封曹丕为五官中郎将、副丞相，目的就是为了使曹丕尽快地承担起一些军政事务。曹操在建安十六年西征马超、建安二十年（公元215年）西征张鲁，都把留守邺城的重任交给了曹丕，也是意在培养、锻炼和考察他。

再说曹植。曹植，字子建，比曹丕小5岁，但才华过人，文思敏捷，十多岁时，就能背诵《诗经》《论语》及辞赋等。曹操看他写的文章特别好，竟怀疑到底是不是他自己写的。有一次，他问曹植："这文章出笔巧妙，是不是你请人代作的？"曹植跪下回答说："父王，孩儿岂敢叫人代写文章，现在我已经能言出成论，下笔成章了，何必请人代写。不信，父王可以当面试之。"

到了邺城铜雀台建成之时，曹操真的让他的儿子们当场吟诗作赋。曹植果然是出笔成章，一气呵成。曹操看过后，非常惊异于他的才华。这文章不仅写得好，而且这文字功底也颇显扎实。

建安十九年（公元214年），曹操南征孙权，安排曹植守邺城，临行前告诫他说："我以前任顿丘令时，年龄是23岁，今天回想当时的所作所为，并没什么可悔恨之处。现在你也23岁了，是不是也该努力自勉呢？"曹操深爱曹植，不断给他锻炼的机会，并时时处处对他加以考验。

儿子众多，但太子只能有一人，这个问题一直困扰着曹操。想当初曹操不过是一个"任侠放荡、不治行业"的少年，后来却成为受九锡之恩宠、有了自己封国的魏王。百年之后，如果自己辛苦创下的基业委之非人，岂不是前功尽弃了吗？

因此，曹操也和历代帝王一样，一开始便很重视对继承人的挑选和确定，也就是立谁为太子。

《三国志》记载，曹操一共有25个儿子：卞皇后生文皇帝曹丕、任城威王曹彰、陈思王曹植、萧怀王曹熊；刘夫人生丰愍王曹昂、相殇王曹铄；环夫人生邓哀王曹冲、彭城王曹据、燕王曹宇；杜夫人生沛穆王曹林、中山恭王曹衮；尹夫人生范阳闵王曹矩；陈夫人生赵王曹干，孙姬生临邑殇公曹上、楚王曹彪、刚殇公曹勤；赵姬生乐陵王曹茂……

这些儿子中，有几个早逝，其中包括曹操最为钟爱的曹冲。五六岁的时候，曹冲的智力就已达到成人的程度。曹冲称象的故事，久已为人所熟悉。

曹操曾想传位给曹冲。所以曹冲病逝后，曹操十分悲痛，对前去劝慰他的曹丕说："冲儿死了，这是我的不幸，却是你们的大幸！"

然而被曹操所指的曹丕，也并非很幸运、很顺利地就当上太子继承王位。

公元213年，汉献帝正式封曹操为魏国公，赐九锡，标志着魏国正式建立。由此，太子之争也开始了。

《春秋》认为应立嫡长子为太子，不论这位嫡长子是聪明还是愚蠢；《礼记》则认为父子君臣、长幼之道得而国治。整个封建秩序要求君王必须立嫡长子为太子，成为未来的皇帝。但曹操的长子曹昂却在随曹操出征时，因张绣叛乱，为救曹操而被乱箭射杀。

长子既然已经战死沙场，排行第二的曹丕便成了诸子中的"长子"，有了被立为太子的资格。

然而有了太子资格的曹丕是否能真的成为太子，还是一个未知数。更何况与自己年龄仅差5岁的同母弟弟曹植又颇受曹操的宠爱。

曹植学富五车，才高八斗，在当时就很有名气。《三国志任城陈萧王传》载：

> 年十余岁，诵读诗、论及辞赋数十万言，善属文……时邺铜雀台新成，太祖悉将诸子登台，使各为赋。植援笔立成，可观，太祖甚异之……每进见难问，应声而对，特见宠爱。

曹操甚至认为"儿中最可定大事"者是曹植。曹植的好友曾对曹操赞扬曹植说：

> 临淄侯天性仁孝，发于自然，而聪明智达，其殆庶几。至于博学渊识，文章绝伦。当今天下之贤才君子，不问少长，

皆愿从其游而为之死。

曹丕在才气方面就无法和曹植相比了。据《三国志·吴质传》所记：

> 魏王尝出征，世子及临淄侯植并送路侧。植称述功德，发言有章，左右属目，王亦悦焉。世子怅然自失，吴质耳曰："王当行，流涕可也。"及辞，世子泣而拜，王及左右咸歔欷。于是皆以植辞多华，而诚心不及也。

幸得吴质出了主意，不但掩饰了曹丕才思不敏捷的缺陷，而且又赚了个仁孝忠厚的好名声。

这样一来，曹丕和曹植的实力就不相上下了。一个是"长子"，有着千百年来帝王立嗣"立长不立幼"的传统做后盾，自身素质也还不错；一个虽不是长子，却英才盖世，深受恩宠，更何况历史上也有帝王不遵礼教废长立幼的故事，于是太子之争便在他们二人间展开了。

由于两人各有党羽，所以表面看来是兄弟间的竞争，其实也是二人党羽实力和谋略的较量。当时与曹植为伍的有丁仪兄弟和杨修等人；与曹丕结党的则是吴质和贾诩等辈。

丁仪兄弟是曹操好友丁冲的儿子。由于丁冲曾劝曹操迎献帝，曹操很感激他，对他的儿子也就很好。曹操曾经想把自己的女儿嫁给丁仪，但曹丕却认为丁仪眼睛不好使，建议曹操把女儿另嫁了夏侯惇的儿子夏侯楙。后来曹操见到丁仪并和他谈了很久，发现他极有才学，很后悔当初听了曹丕的话。他说："丁仪这样有才学，即使双目失明，也应当把女儿嫁给他。何况他只有一只眼不好使呢？都怪子桓误了我的大事！"

丁仪因为曹丕的建议而没有娶上曹操的女儿，觉得很遗憾，便与曹植的关系很好，希望曹植能被立为太子。丁仪经常在曹操面前说曹植的好话，他的弟弟也是如此，并认为曹植是上天赐给魏国的福分。

在曹植的亲信为其游说之时，曹丕的支持者们也积极地行动起来。

他们一边对曹丕进行精心的"形象设计"，使之符合做太子的标准，一边以古今废长立幼的恶果劝谏曹操。

吴质劝曹丕在为曹操送行时哭泣流泪，就达到了显示曹丕敦厚朴实个性的目的。而崔琰对曹丕的谆谆教诲，更是用心良苦：有一次曹操出征攻打并州，留下崔琰辅佐曹丕守邺城。但曹丕却不顾自身形象，变换服装外出田猎，想尽情享受驰骋田猎的那种令人发狂的乐趣。对此，崔琰引之经书，考之当时，对曹丕进行批评，让他以大局为重，丢弃这种不良行为，从而获得好的名节。曹丕听了他的话，马上改变了自己的行为，并且变得越来越成熟了。

在《三国志·荀彧攸贾诩传》中也记载了贾诩对曹丕的劝诫，希望曹丕弘扬高尚的品德，勤于自己的工作，不违背做太子的准则。

由于曹丕、曹植兄弟各有党羽为之谋划，致使曹操在立太子问题上举棋不定。当曹操写信秘密征求众人意见时，只有崔琰提出了自己的看法。他说：

> 盖闻《春秋》之义，立子以长。加五官将仁孝聪明，宜
> 承正统。琰以死守之。

当时，曹植正是崔琰的侄女婿，可是崔琰却无私地反对立曹植为太子。曹操对崔琰的举动十分赞赏。

曹操的重要谋士之一毛玠，也反对废长立幼。他说："近者袁绍以嫡庶不分，覆宗灭国。废立大事，非所宜闻。"

贾诩面对曹操关于立谁为太子的询问，默而不答。曹操问他为什么不回答自己的问话。

贾诩说："我正在想你问我的问题，所以不能马上回答。"曹操便问他在想什么，他回答说："我在想袁绍和刘表这两家父子的事。"

如果说历史上废长立幼的教训仅是书中的记载，尚不足以撼动曹操，那么与曹操同处一个时代，又是竞争对手的刘表和袁绍两家的太子之争，却使曹操深受震动。

刘表因废长子刘琦，立刘琦异母弟刘琮；袁绍因废长子袁谭，立袁谭异母弟袁尚，而导致内讧，自相残杀，最终削弱了自己的势力并被曹操所灭。惨痛的教训就在面前，曹操怎能视而不见？

然而话又说回来，古代也好，今朝也罢，毕竟只是"别人家"的事。更何况废长立幼并非百分之百地导致祸乱，像曹操用以自比的周文王，虽然废长立幼，却开创了八百年的基业。

将历史再上溯，尧舜禅让的故事，废的又岂止是长子？干脆连所有的"子"都废了，竟把帝位让给了别人！然而天下不但没有大乱，相反却大治。接受皇位的人成了历代帝王们效法、尊崇、膜拜的对象。

还是毛宗岗那句"皇帝不皇帝，岂在玉玺不玉玺"说得入木三分。借用过来，太子不太子，岂在长子不长子？

所以能否成为太子，出生时间的先后并不重要，关键看有没有当太子的资本。太子就是未来的皇上，凡是皇帝应该具备的素质，太子也都应该具备。

曹丕和曹植相比，虽然没有曹植浪漫的诗人气质及才情，但却更接近于一个政治家。《三国志·桓二陈徐卫卢传》中桓阶评价曹丕为"德优齿长，宜为储副。"其注又引《魏书》中桓阶规谏曹操所说："今太子仁冠群子，名昭海内，仁圣达节，天下莫不闻。而大王甫以植而问臣，臣诚惑之。"

曹植与曹丕相比，在政治上就显得极不成熟了。

曹操曾下禁酒令，以保证粮食的供应，安定北方。而曹植却经常饮酒至大醉，甚至因此耽误军政大事。一次曹操准备派他领兵去解救被关羽围困的曹仁，他因其喝醉而未能受命，令曹操十分生气。

后来他又同杨修一起饮酒大醉，乘车从禁门出宫，惹怒了曹操，于是下了《曹植私出开司马门下令》，令中说：

> 始者谓子建，儿中最可定大事。自临淄侯植私出，开司
> 马门至金门，令吾异目视此儿矣。

从此曹植所受的恩宠一天不如一天。加上杨修与曹植曾一起骗曹操，致使曹操终于下定决心，于公元217年下了《立太子令》：

> 告子文：汝等悉为侯，而子桓独不封，止为五官中郎
> 将，此是太子可知矣。

曹植私出司马门，等于给自己投了一张具有决定意义的否定票。《立太子令》则为四年的太子之争划了个句号。

曹丕才能不及曹植，受喜爱程度不及曹冲，曹操为了立这个太子，也是在情感与理智间犹豫徘徊了很久。是立自己喜欢的儿子还是对江山社稷有益的儿子，曹操选择了后者。看来曹操还是以江山社稷为重，宁可违背自己的意愿，也不能断送了"曹氏集团"未来

的发展。

曹操临终前对心腹大臣说："今卞氏生四子：丕、彰、植、熊。孤平生所爱第三子曹植，为人虚华少诚实，嗜酒放纵，因此不立；次子曹彰，勇而无谋；四子曹熊，多病难保；惟长子曹丕，笃厚恭谨，可继我业。卿等宜辅佐之。"

知臣莫若君，知子莫若父，曹操临终前对诸子的评价很是公允，说明他对自己的儿子还是很了解的。

曹操去世后，曹植便没有了与曹丕争王位的想法。任城王曹彰带10万大军前来为曹操奔丧，对曹植说："父王召我来，是想让我拥立你为王吧？"

曹植马上回答道："千万别这样说，难道你没看见袁氏兄弟的先例吗？"

为了魏国的利益，曹植放弃了他曾经追求的东西。

然而曹丕却仍把他当成防范的对象，屡次刁难他。《世说新语》中"七步诗"的故事，便说明了这点。

文帝尝令东阿王七步中作诗，不成者行大法。应声便为诗：

> 煮豆持作羹，漉豉以为汁。
>
> 萁在釜下燃，豆在釜中泣。
>
> 本自同根生，相煎何太急！

一计不成，又生一计。一次曹丕借与任城王曹彰下围棋之机，用毒枣药死了曹彰，并想同样加害曹植。由于卞太后的干预才作罢。加害不成，只好屡次贬曹植爵位、迁徙封地。

曹植在《迁都赋》中，描述了这种迫害下颇为艰难的生活状况：

号则六易，居实三迁；连遇瘠土，衣食不继。

由于在太子之争中失败，曹植后半生充满了辛酸。他在诗文中展现出的超众的才华，致使后世的人们很同情他。人们不去为胜利者欢欣，却只为失败者悲伤。甚至曹丕在得知自己被立为太子后流露出的喜悦，也被视为错误：

初文帝与陈思王争为太子，既而文帝得立，抱辛毗颈而喜曰："辛君知我喜不？"毗以告宪英，宪英叹曰："太子代君主宗庙社稷者也，代君不可以不戚，主国不可以不惧。宜戚而喜，何以能久？魏其不昌乎！"

其实，曹丕作为太子，比曹植更为合适。曹植为人很真诚，却未免有些天真，缺少城府。既有父亲的宠爱，又有亲信的相助，自身的才气，稍加些谋略，得到太子之位不是很轻易吗？而最后却以失败而告终，只能怪自己在权术方面无能。而曹丕却善纳忠言，为人处世，谨慎小心。东吴儒将陆逊评其曰："吾料魏主曹丕，其奸诈与父无异。"兵不厌诈，权术亦不厌诈，奸诈些的曹丕也许更适合从政。

公元220年正月二十三日，曹操因旧病发作而死，时年65岁。曹操死后，曹丕为魏王、丞相，尊父亲为魏武王，母后卞氏为王太后。十月，曹丕便废掉了汉献帝，正式称魏文帝，追尊他父亲为武皇帝。

第三节　谁是正统

曹操之于汉，是篡是续，是奸是忠，难以说清，反正没有曹操，大概诸葛亮所预测的鼎足三分永远都不能实现。

公元220年，曹操的儿子曹丕代汉自立，是为魏文帝。因是异姓，他的行为便被居于蜀地的刘备及其臣属们视为篡逆之举，予以否认。遵照天下不可一日无君的原则，汉中王刘备于公元221年被扶上了皇帝的宝座，以续汉朝四百年基业的大统。

东吴的孙权见两个对手都称了帝，也不甘称臣，于公元222年也称了帝。于是在风风雨雨中硬撑了三十多年的汉末政权，终于被三个国家给分割了。

以"正统"的观点看，似乎刘备的蜀继了大统，魏只不过是历史大道上临时拐出的小岔道，用《三国演义》的回目所说，便是"曹丕废帝篡炎刘，汉王正位续大统"。然而，纵观整个历史，蜀汉不过是汉朝这支交响乐曲渐渐衰弱的尾声，而曹魏政权所接续的正是整个历史的大统。它上承汉献帝，下启晋武帝。从一个朝代手中接过玉玺后又毕恭毕敬地送给下一个朝代。

历史是向前发展的。蜀汉只给汉朝划了个句号，却没有给晋开篇，而曹魏不仅给汉画了句号，重要的是给晋点了冒号，为晋留下了创造历史、发挥才智的"一张白纸"。而孙吴则与这两国不同，它既非承前，也非启后，似乎游离在历史大道之外，确切一点说，它属于三国内部问题，仅为那段历史才存在而已。

所以说，三国虽曰鼎立，鼎足的承重程度是不相等的。纵观三国历史，基本上是吴、蜀联合以拒曹。每次吴、蜀联合必胜，分裂则必败。如果一对一地单打独斗，吴、蜀是很难占到便宜的。

因此，不论吴、蜀怎样骂曹，曹的实力都是明摆着的，也就是说，在三国中，曹魏的势力是最大的，最具有统一天下的实力。

曹操在世的时候，魏是"奉天子"之名东讨西伐，有着政治上的绝对优势；曹丕代汉自立，又有献帝筑坛禅让的仪式，堵住了天下人的口，让人欲骂不能，欲讨无名。

贾诩说："令天子亲奉玺绶，禅天下与王，便可以释群疑而绝众议矣。"

有着两代人政治上的优势，曹魏在军事、经济、文化等各方面都取得了吴、蜀无法相比的成就。司马氏所创立的晋朝便在这成就中开始孕育了。

司马氏家族中最早在曹操手下做事的是司马懿之兄司马朗。

《三国志》称，司马氏是河内温县（今河南温县东）大族。董卓之乱时，司马朗奉父命率家人返回家乡，为避战乱又带领全族人东迁黎阳。

司马朗22岁时，被曹操任为司空的属官，任成皋县令，后因病辞官。复出后做堂阳长，实行德政，深受百姓爱戴。

有一次县里让司马朗造船，原先从这里迁走的百姓担心他完不成任务，又纷纷返回来帮他造船。后来司马朗又担任丞相秘书、兖州刺史等官职，粗茶淡饭，生活俭朴。公元217年，司马朗在与夏侯惇等征讨吴国时，因探视生病的士兵而感染疾病去世，死时仅47岁。司马朗的父亲司马防，曾担任过洛阳令、京兆尹、骑都尉等职。为人"性质直公方，虽闲居宴处，威仪不忒"。他教育子女非常严格，"诸子虽冠成人，不命曰进不敢进，不命曰坐不敢坐，不指有所问不敢言，父子之间肃如也"（司马彪《序传》语）。

建安二十四年（公元219年），司马防去世。在他的8个儿子中，晋宣王司马懿排行等二。曹操任用司马朗以后，听说司马懿也很有才能，便也征召了他。和司马朗关系很好的崔琰独具慧眼，见过司马懿以后便对司马朗说："你这个弟弟非常聪明，处事也很果断，与众不同，你是无法和他比的。"

据《晋书·宣帝纪》载，司马懿不想在曹操手下为官：

> 建安六年，郡举上计掾。魏武帝为司空，闻而辟之。帝知汉运方微，不欲屈节曹氏，辟以风痹，不能起居。魏武使人夜往密刺之，帝坚卧不动。及魏武为丞相，又辟为文学掾，敕行者曰："若复盘桓，便收之。"帝惧而就职。

司马懿没有骗过曹操，曹操在世时，他一直恪尽职守地为曹操做事，乃至曹操临终时，也将其作为受命大臣之一辅佐曹丕。而在齐王曹芳正始年间和曹爽斗智时，他却骗过了曹爽！

《魏末传》称，曹爽等人为了刺探司马懿虚实，而派将任荆州刺史的李胜前往看望。司马懿故意装得行将就木，老病不堪：拿衣服时，衣服掉在地上；想喝水时，却不能马上说出口渴，只是用手指指嘴；侍女等拿来稀饭给他喝，他却把稀饭流到衣服上。

李胜心中很难过，流着泪对司马懿说："众谓明公旧风发动，何意尊体乃尔！"

司马懿继续说："年老枕疾，死在旦夕。君当屈并州，并州近胡，好为之备。恐不复相见……"

李胜说："当还忝荆州，非并州。"

司马懿仍说："君方到并州？"

李胜又告诉说："当忝荆州。"

司马懿这才若有所悟地说："年老意荒，不解君言。今还为荆州，盛德壮烈，好建功勋。"并让李胜在自己去世后帮他照顾儿子司马师和司马昭。

李胜回来后，对曹爽说："司马公尸居余气，形神已离，不足虑矣。"

曹爽放松了对司马懿的防范。

在曹爽兄弟随齐王曹芳出城祭明帝陵时，司马懿突然发动兵变，夺了曹爽的大权，后又诬曹爽谋反，将其夷灭三族。从此曹氏势力每况愈下，司马懿就像当初曹操控制汉室政权一样控制了曹魏的政权。

还是曹操有远见，早就看出了司马懿的不臣之心。

《晋书·宣帝纪》载：

> 魏武察帝有雄豪志，闻有狼顾相，欲验之。乃召使前行，令反顾，面正向后而身不动。又尝梦三马同食一槽，甚恶焉。
>
> 因谓太子丕曰："司马懿非人臣也，必预汝家事。"

因曹丕和司马懿关系很好，所以常在中间调解，使得司马懿没被曹操杀掉。曹操知道司马懿有才能，但终其一生并未重用司马懿，军国大事极少与司马懿商议。

曹操的去世，带走了曹氏家族所有的灵气与运气、豪气与霸气。

从此曹家虽由王侯之家晋升帝王之家，终改变不了一代不如一代的现实。而且焉知曹丕称帝不是借曹操之余威呢?

从家族表面看，曹操爷爷是宦官，父亲是养子，门户比较孤单。到了曹操，不仅官做得大，儿子也生得多，竟有25个儿子! 而且其中不乏聪明智慧、才华横溢之人。轮到曹丕，虽做了皇帝，儿子却生得少了，只有9个。及至明帝曹叡，竟一个儿子也没有。仅仅三代，便由人丁兴旺变成了后继无人。

明帝去世后，只好由养子曹芳继位。曹芳因得罪了司马氏，当了十几年的皇帝便又被废回了原来的王位。

曹丕之孙高贵乡公曹髦被立为帝，几年后因不满司马氏专权，被杀。曹奂也只当了五年皇帝，便把曹操一生奋斗不息挣来的基业拱手让给了司马氏，断送了曹魏政权。

曹操是那样的足智多谋、老练沉着，在汉末的乱摊子上建立了魏国，为儿子改朝换代打下了坚实的基础。而他的子孙，却是如此的无能，把一个好端端的国家折腾得面目全非! 别说创业，连守成也做不到。曹操花费四十多年创建的基业，让他们以基本相等的时间给挥霍没了!

曹操65岁去世；曹丕40岁去世；曹叡36岁去世；曹芳被废；曹奂被废；曹髦19岁被杀，从他们一代不如一代的寿命，似乎就能看出曹魏政权速亡的征兆。

因为曹操的子孙们缺乏其祖之风，所以不能把先祖开创的基业不断扩大。而其所以能维持四十几年，司马氏在其中起了极为重要的作用，像一根脊梁，撑起了曹操去世以后的曹魏政权。

有曹操在，可以不用司马懿而不误天下之事；没了曹操，就必须重用司马懿。除了他，再也无人能与曹操的智慧匹敌了。因此曹操临终时，召曹洪、陈群、贾诩、司马懿等共同辅佐曹丕。

曹丕临终时，又让司马懿和曹真、陈群、曹休一起辅佐明帝曹叡。

曹叡临终时，受命大臣中仍有司马懿！

齐王曹芳嘉平三年（公元251年），司马懿去世后，其子司马师、司马昭代为辅政，后废曹芳立曹髦。

曹髦正元二年（公元255年），司马师病逝，嘱其弟司马昭曰："吾今权重，虽欲卸肩，不可得也。汝继我为之，大事切不可轻托他人，自取灭族之祸。"

司马昭被封为大将军，录尚书事，从此朝廷大事均归司马昭。

甘露四年（公元259年）春正月，河南一口井中出现两条黄龙。在此之前、之后的几年中，河南、河北等地井中多次出现青龙或黄龙。人们认为井中现龙是吉兆。

聪明的曹髦却认为：龙者君德也，上不在天，下不在田，而屈于井，非嘉祥也。

曹髦还作了一首《潜龙诗》。其诗曰：

> 伤哉龙受困，不能跃深渊。
>
> 上不飞天汉，下不见于田。
>
> 蟠居于井底，鳅鳝舞其前。
>
> 藏牙伏爪甲，嗟我亦同然！

司马昭听到此事后，非常生气，便想废掉曹髦。曹髦不想坐以待毙，便率宫中宿卫数百人前往讨伐司马昭。司马昭亲信贾充指使手下成济刺死了曹髦。

司马昭手下杀了曹髦，他却没有听从陈泰建议杀掉贾充，只杀了贾充手下成济三族，以塞视听。按照《春秋》大义，司马昭便有了弑君之罪。

贾充于是又劝司马昭受魏禅，即天子位。司马昭回答说："昔文王三分天下有其二，以服事殷，故圣人称为至德。魏武帝不肯受禅于汉，犹吾不肯受禅于魏也。"

司马昭于是立曹操之孙曹璜继位，改名曹奂。

公元264年，因司马昭灭蜀有功，曹奂封司马昭为晋王，谥其父司马懿为宣王，其兄司马师为景王。司马昭又立子司马炎为世子。正当司马昭准备按大臣所奉建天子旌旗、出警入跸、乘金根车、备六马、立太子之时，突然中风不语，次日以手指司马炎而死。

司马炎对贾充等人说："曹丕尚绍汉统，孤岂不可绍魏统耶？"

贾充等说："殿下正当法曹丕绍汉故事，复筑受禅坛，布告天下，以即大位。"

司马炎逼曹奂筑受禅台，禅让天下于晋。晋朝正式建立。

从汉献帝禅让给曹丕，到曹奂禅让给司马炎，其间仅四十五年。汉献帝刘协以陈留王身份做了皇帝，曹奂以皇帝被废为陈留王，历史是有意还是不谋而合，令人难以琢磨。

司马炎虽然是从曹奂手中接过的玉玺，但为晋朝天下打基础的却是曹操。没有曹操，也就不可能有晋朝。但仅这一点，我们还不能说晋朝的始祖是曹操。曹操平定北方后，如果曹丕及以下几位魏朝皇帝也能像曹操一样雄才大略，把蜀、吴一个个灭掉，完成统一天下的大业，然后再把统一后的天下禅让给晋，那么晋的始祖就不能是曹操，而应是曹丕了。

历史上每一个朝代的更迭，都是离新的朝代最近的旧朝的皇帝被认为与本朝关系密切。尧禅让给舜，舜又禅让给禹，我们从来不说禹是从尧乃至黄帝那得来的天下，而说是从舜那里得的天下。曹操的儿子曹丕代汉献帝自立，也不能认为魏的始祖是刘邦！

天下大势，分久必合，合久必分。在分分合合中，一个个新的朝代便陆续出现了。汉末大乱，皇帝有名无实，情形与东周的春秋、战国相似。秦始皇统一天下建立秦朝，然而秦朝历史虽然只有15年，却不能因此认为汉朝始祖是秦始皇。其原因是秦末动乱，陈胜、吴广在大泽乡起义，点燃了各地反秦的怒火。刘邦以一亭长，凭借自己的聪明才智，依靠身边的文臣武将，一点点地筑起了汉朝的大厦。他没有从秦始皇那里得到任何恩泽，也没有为秦始皇统一六国贡献绵薄之力。除了他的亭长是秦的亭长外，他和秦之间乃至汉和秦之间没有交叉关系。

而晋和魏的情形就与此不同了。晋宣王司马懿一开始便在魏武帝曹操手下任职，并多次随之出征；后又受命辅佐文帝曹丕。可以说从曹操去世后，司马懿全面负责魏的大小事务。没有司马懿的辅佐，魏朝是否能从曹丕传到曹叡，都不一定。

曹丕去世后，诸葛亮就说："余皆不足虑：司马懿深有谋略……必为蜀中之大患。"

诸葛亮后来又对马谡说："吾岂惧曹叡耶？所患者惟司马懿一人而已。"魏的大臣们对司马懿评价虽不乏恶意，但却对司马懿的才能一致认同。

王朗认为"司马懿深明韬略，善晓兵机，素有大志"；曹羲认为

"司马懿谲诈无比"。

司马懿俨然又一个曹操在世!

司马懿受命辅政期间,可谓忍辱负重,尽职尽责。他西拒诸葛亮,东灭公孙渊,为曹魏政权的稳定做出了巨大的贡献。他死后,其子司马师、司马昭共同辅政,在任期间,南拒东吴,西收蜀汉,把鼎立的三国,折了一足!如果没有司马氏父子,亡国称臣的也许不是刘禅而是曹奂了。

司马炎在逼曹奂禅位时,问:"魏之天下,谁之力也?"

曹奂回答说:"皆晋王父祖之赐耳。"

司马炎让曹奂禅让天下给他。

他对曹奂说:"吾观陛下,文不能论道,武不能经邦。何不让有才德者主之?"因遭到黄门侍郎张节的反对,司马炎非常生气。

他说:"此社稷乃大汉之社稷也。曹操挟天子以令诸侯,自立魏王,篡夺汉室。吾祖父三世辅魏,得天下者,非曹氏之能,实司马氏之力也,四海咸知。吾今日岂不堪绍魏之天下乎?"

曹操倘若地下有知,不知当作何感想?

曹操平定了北方,发展了北方的经济和文化;曹丕等魏君与曹操相比,又纯属无能之辈,不能把曹操的事业发扬光大;司马氏受命辅政,屡建大功,终于统一天下。这几个方面综合起来,我们才能比较客观地把曹操作为晋的始祖来对待。

从表面看,曹操促成了三国鼎立;其实,曹操奠定了晋朝的统一。曹操去世后,曹氏的势力就名存实亡了。司马氏之于魏,恰如曹氏之于汉献帝,已经取得了实际权力,禅让与否、传玺与否,仅只是个形式而已。现在看来,曹操戎马一生,终到头来,却是为他人做嫁衣!